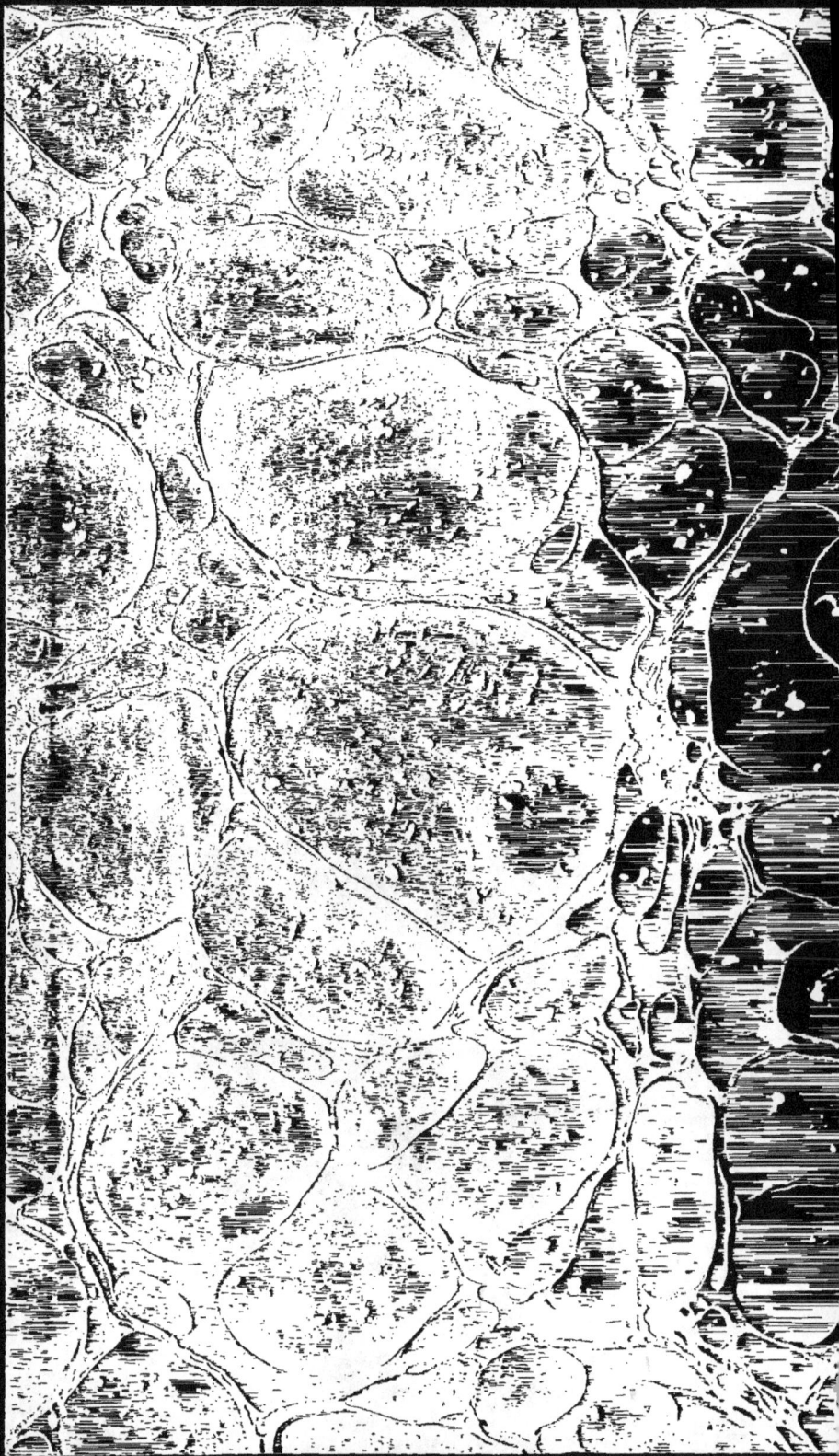

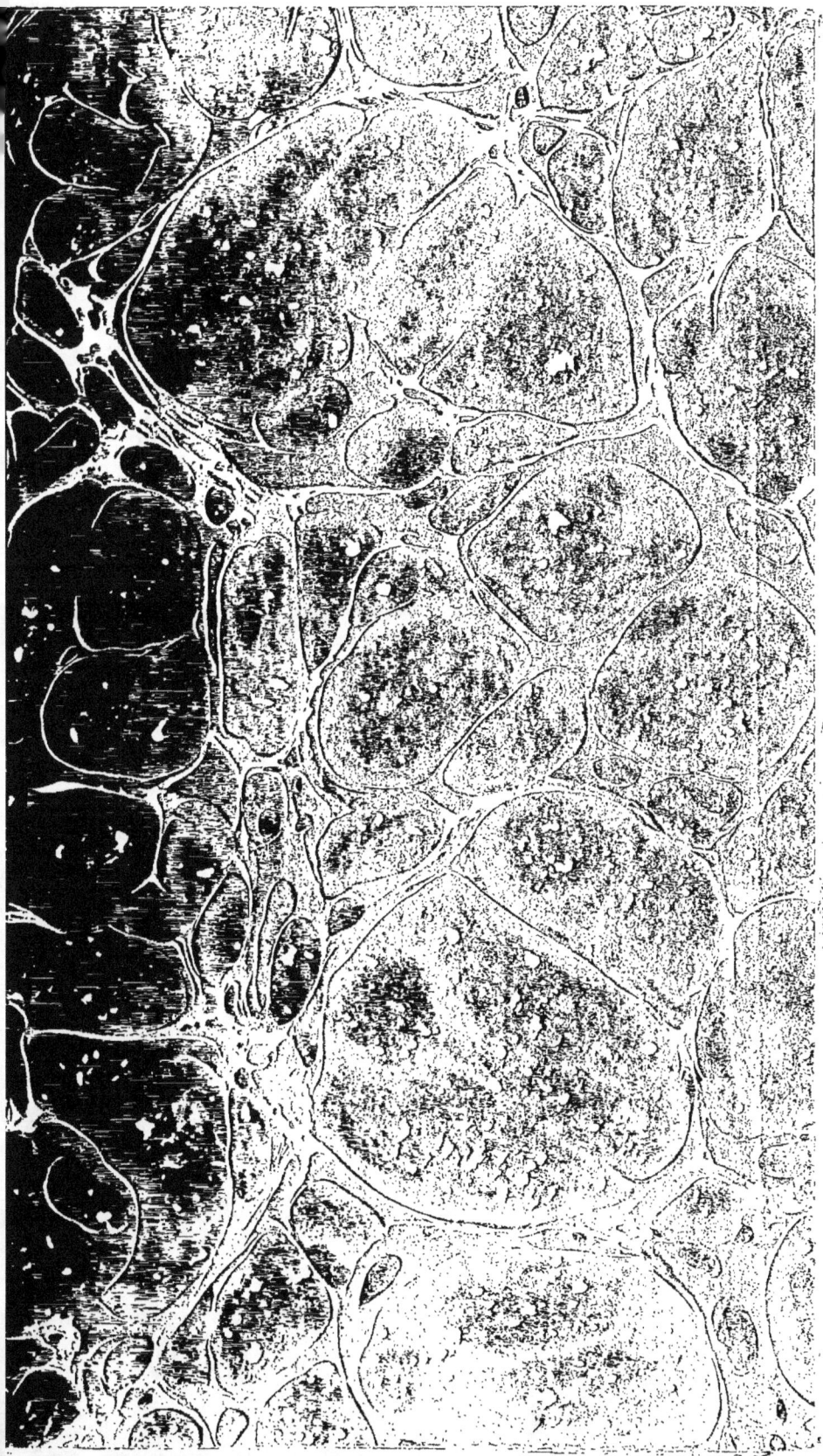

CHIEN-CAILLOU,

FANTAISIES D'HIVER

1589

PARIS. — IMPRIMERIE DE GERDÈS
Rue St-Germain-des-Prés, 10.

CHIEN-CAILLOU

FANTAISIES D'HIVER

PAR

CHAMPFLEURY.

---◦⊰⊱◦---

PARIS

A LA LIBRAIRIE PITTORESQUE DE MARTINON

RUE ⌐ ⌐Q-SAINT-HONORÉ

—

1847

A M. VICTOR HUGO.

MONSIEUR,

Je vous dédie cette œuvre, quoique j'aie une profonde horreur de la dédicace — à cause de l'impression *jeune homme* qu'elle laisse dans l'esprit du lecteur. Mais vous avez été le premier à signaler *Chien-Caillou* à vos amis, et votre lumineux génie a bien vite reconnu la réalité du sous-titre : *Ceci n'est pas un conte.* Merci, monsieur; j'ai pleuré de bonheur (1).

(1) Peut-être ridicule pour l'*École du bon sens,* mais vrai.

Avant, je vous admirais, car vous êtes la *grande figure*, un mot que je prends aux Allemands qui l'avaient décerné à Gœthe. Depuis, je vous ai aimé.

Ce volume, monsieur, n'est que le premier d'une série qui paraîtra à chaque saison. Aussi ne vous étonnerez-vous pas s'il est d'une gamme mélancolique. Les **FANTAISIES DU PRINTEMPS** seront écrites dans un mode plus joyeux. Le troisième volume, **L'ÉTÉ**, sera ruisselant de bonheur et fera place au quatrième et dernier, **L'AUTOMNE**, conçu dans des sentiments plus calmes et d'un ton plus tranquille.

Permettez-moi, monsieur, de vous remercier de tout cœur et d'aller faire ma profession de foi à quelques animaux que je déteste profondément, mais qu'il faut flatter de temps à autre.

AUX BOURGEOIS.

❖

MON BON BOURGEOIS,

On te calomnie chaque jour en disant que tu n'aimes que les gros morceaux rances du coin de la borne, — des *Juif errant*, des *Fils du Diable* et des *Oiseaux de proie*. Toutes ces choses n'existent plus, étant ramassées tous les matins par les *boueux* qui s'en vont, pendant ton sommeil, quérir les ordures de la ville, par mesure de sanité.

On dit encore que le public est mort. Grâce à Dieu, cela est un pur mensonge. — Ce brave public qui a plus de têtes que l'hydre de Lerne ne finira jamais. Et il a toujours quelques gros sous dans son gousset droit, — juste au-dessous des breloques, — pour se passer des fantaisies. Eh bien! mon brave bourgeois, donne vitement tes vingt sous, car voilà de la fantaisie pas cher. Tu n'en seras pas plus pauvre, — au contraire. Tu sauras la vraiment vraie histoire de *Chien-Caillou;* et le soir, devant un bon feu de charbon de terre, tu la raconteras à ta famille, à tes enfants; tu riras et tu pleureras.

— Tu vas peut-être me dire que mon nom t'est étranger. Je te salue alors, j'ôte mon chapeau, je suis Champfleury, et la pantomime de *Pierrot valet de la Mort* est de mon style.

Je ne t'ai parlé encore que de *Chien-Caillou;* mais il ne faut pas oublier les *Quatre Saisons.* Une fois pour toutes, j'ai voulu t'expliquer à ma façon l'hiver et l'été, le printemps et l'automne. C'est plus

simple que Mathieu Laensberg et guère plus rui-
neux.

Quant au *Doyen des Croque-Morts*, c'est un
brave homme qui a au moral un certain point de
ressemblance avec l'allemand Hebel. Comme les oiseaux de la ballade, il serait tenté de s'écrier :
« Sacrebleu, voilà le soleil. »

Là-dessus, bourgeois, tiens-toi les pieds chauds
tout cet hiver, afin de ne pas être emporté par une
grosse fluxion de poitrine qui t'empêcherait de
souscrire à mon prochain livre, les FANTAISIES
DU PRINTEMPS.

CHIEN-CAILLOU

CECI N'EST PAS UN CONTE

CHIEN-CAILLOU

CECI N'EST PAS UN CONTE.

—

Silhouette de mon oncle.

..... Un lit et une échelle.

— Bon, ce n'est pas possible.

— Cependant, puisque je vous l'affirme.

— Ah! vous autres feuilletonistes, nous vous

connaissons, et de toutes vos histoires, nous savons ce qu'en vaut l'aune.

Remarquez, s'il vous plaît, ô mon maître le lecteur, le : *Ce qu'en vaut l'aune* de mon oncle. Cette locution ne vous dépeint-elle pas assez mon interlocuteur? Ce qu'en vaut l'aune! Il n'y a guère qu'un boutiquier qui ose se servir d'une pareille expression.

Ce qu'en vaut l'aune m'arrêta tout à coup. Allez donc résister à de pareils chocs? La fameuse histoire des moutons que racontait Sancho à Don Quichotte ne put être continuée par suite d'interruption.

— Tu disais donc, mon neveu, un lit et une échelle...

— Mon oncle, je vous finirai l'histoire une autre fois.

— Hé, hé, tu parles comme les feuilletons, la fin au prochain numéro, dit en riant bruyamment mon brave homme d'oncle, grainetier, rue....., caporal de grenadiers, et abonné du lendemain au *Constitutionnel* pour le *Juif errant*.

Cet oncle, m'ayant rencontré sur le quai des Au—

gustins avec un jeune homme dont l'aspect l'étonna, me demandait plus tard des détails sur ce personnage, lorsqu'à ces mots: « *Un lit et une échelle,* » on a vu de quelle brutale façon il m'interrompit.

Aussi, pourquoi allai-je raconter cette histoire à mon oncle? J'étais puni par où j'avais péché. Je le connaissais de longue main. C'est lui, pour le dépeindre d'un trait, qui me dit un jour avec un grand accent de conviction :

— Les gens qui écrivent l'histoire de Napoléon, ce sont tous farceurs. Pour écrire la vie de cet homme-là, il faudrait *avoir vécu dans sa peau.*

Oh! les oncles! les oncles!

Avis au lecteur.

Mon maître le lecteur, que ceci soit pour vous un avertissement! Ne dites jamais que vous savez *ce que vaut l'aune* de telle histoire. Souvent cette histoire si gaie, si folle, si amusante, aura germé toute gonflée de larmes, de faim, de misères, dans l'esprit de celui qui l'écrira plus tard.

Inventaire.

Chien-Caillou demeurait dans la rue des Noyers. C'est aux environs de la place Maubert, un quartier où l'on a souvent faim. Il louait au septième une petite chambre de 40 francs. Voulez-vous savoir ce qu'est un logis de 40 francs par an?

On entrait dans cette chambre, c'est-à-dire, on n'entrait pas *dans* cette chambre, mais *dans* le lit ou *sur* une échelle. Le lit prenait les deux

2

tiers de la place, l'échelle l'autre tiers. Le lit était à gauche s'enfonçant sous le toit. Un lit avec une couverture douteuse; des draps qui, à force de raccommodages, ne formaient plus qu'une vaste reprise. Les draps couvraient à peu près un matelas d'une maigreur de lévrier. Ce pauvre matelas, qui dans un temps avait contenu de la laine, la misère l'avait converti en paillasse. Un jour une poignée enlevée à propos pour dîner, un autre jour une poignée pour déjeuner, avaient fait vivre Chien-Caillou un mois du matelas, et il trouva tout aussi bon de dormir sur la paille, quand il fut forcé de remplacer la laine.

Pour l'échelle, c'était là un meuble de la plus heureuse invention. Une table aurait gêné. Une commode n'aurait pu tenir dans la mansarde, en raison de l'angle formé par le toit. Un secrétaire était un meuble trop fastueux; au lieu que l'échelle, d'allures solides, avec ses marches plates, servait d'étagère portant le plus étrange mobilier.

Son principal but était de conduire à la fenêtre. La fenêtre était un trou pratiqué dans le toit, ne pouvant donner passage à la tête, mais destiné à renouveler l'air. — En style d'architecte, *jour de souffrance.*

Sur le premier échelon demeurait un lapin blanc, tranquille, réfléchissant, — j'ai toujours cru que le lapin était un penseur, — et semblant très-satisfait de sa vie de torpeur. Le second échelon portait une brosse, quelques planches de cuivre; le troisième, une boîte de bois blanc où gisaient du fil, des épingles, des aiguilles emmanchées dans du bois, un pot de cirage; le quatrième, un carton ventru d'où sortaient du papier blanc, des estampes, etc.. Au bas, étaient des souliers, plus un meuble que cet honnête M. Lancelot a dénominé dans son Jardin des Racines grecques : « le vase qu'en chambre on demande. »

Rien aux murs qu'une estampe, la *Descente de croix* gravée par Rembrandt. Quelle estampe ! Une épreuve, non pas de celles qui traînent sur les quais, abominables contrefaçons à quinze sous, — mais une épreuve superbe, une épreuve authentique. Cette estampe de 200 francs, au milieu de ce mobilier boiteux, disait toute la vie de Chien-Caillou.

Chien-Caillou était de cette race de bohêmes malheureux qui restent toute leur vie bohêmes. Son père était un ouvrier tanneur du faubourg Saint-Marceau. Chien-Caillou apprit la tannerie; le métier lui déplut et il se mit à colorier des images pour la rue Saint-Jacques. Un jour son père le battit et il s'enfuit. Il rencontra on ne sait comment un groupe de rapins qui voulurent bien l'admettre dans leur société. Il n'avait que dix ans; il dessinait d'une façon si naïve, qu'on accrochait toutes ses œuvres dans l'atelier.

Ce fut alors qu'on lui donna le sobriquet de Chien-Caillou. Il ne sut jamais pour quelle raison, ses amis non plus. Les rapins ne sont pas forts en étymologies. Le surnom lui resta. Il songea à faire de la gravure, mais sa gravure ressemblait à ses dessins; c'était quelque chose d'allemand primitif, de gothique, de naïf et de religieux, qui donnait à rire à tout l'atelier.

Chien-Caillou, fatigué d'être toujours goguenardé, quitta ses amis et ne reparut plus. Il s'installa rue des Noyers, dans la chambre à quarante francs; et il était encore couché, son pantalon, son gilet, sa casquette, lui servant d'édredon et de couvre-pied, suivant l'habitude des pauvres gens.

A huit heures, il s'éveilla et appela son lapin :

— Eh! eh! Petiot, arrive ici.

Petiot, à cette voix amie, dressa les oreilles, descendit de son étage élevé, prit mille précautions, en évitant de déranger sur son passage la brosse, la boîte aux outils, et sauta tout doucement sur le lit. Chien-Caillou l'embrassa sur le nez et le mit réchauffer sous les couvertures. — Car il aimait son lapin plus que Pelisson son araignée.

— Attends, dit-il à Petiot, je vais chercher à manger; nous avons faim, pas vrai?

Il grimpa en chemise à son échelle, prit dans la boîte un gros morceau de pain dur, quelques carottes et revint se fourrer dans les draps. Jamais repas ne fut pris avec plus d'avidité que celui-là. Si Petiot avait un faible pour les carottes, son maître ne les aimait pas moins. Le pain était bien dur, il est vrai, mais on est jeune et on a faim.

— Ah! Petiot, dit-il, quand nous aurons notre bateau !...

Le lapin, qui semblait comprendre tout ce que cette phrase contenait de béatitudes futures, vint se frotter le dos contre son maître, en manière de caresses.

— Allons, Petiot, nous allons donc travailler.

Chien-Caillou se leva, passa son pantalon, frangé au bas comme un châle, et prit une planche de cuivre commencée. Puis il emmancha une aiguille dans un morceau de bois, burin économique, et il s'assit sur son lit.

Pendant ce travail, la figure du graveur s'illumina d'une grimace splendide qui prouvait que son travail n'était pas tout matériel et que sa pensée passait dans son burin. Il travailla ainsi quatre heures. Sa planche esquissée, Chien-Caillou endossa un misérable paletot-sac et il sortit après avoir embrassé son lapin.

— Mon voisin, dit une voix essentiellement musicale, entrez un moment, qu'on vous parle.

Les Mansardes
DES POÈTES.

Les Mansardes
RÉELLES.

Voici à peu près le procédé employé par les poëtes pour décrire une mansarde :

Une petite chambre au septième ou au huitième, gaie et avenante. Pas de papier, mais des murs blanchis à la chaux. Un

Voici ce que pourraient écrire les poëtes s'ils avaient l'amour de la réalité :

Une petite chambre au septième ou au huitième, triste et sale. Pas de papier, mais des murs jaunes, album mural qui

violon accroché aux murs (en cas de masculin), un rosier fleuri (en cas de féminin). Un rayon de soleil vient tous les jours faire sa promenade dans la chambrette. On a vue sur le ciel ou sur un jardin garni de grands arbres dont les odeurs volent à la mansarde.

Il est bien convenu qu'une mansarde n'est jamais solitaire, et qu'elle a un pendant. Dans la mansarde d'en face se trouve une voisine, un voisin suivant le sexe du héros du roman; on se porte les traces de passage de tous les locataires. Le soleil n'y vient jamais, ou, quand il y vient, c'est pour convertir la mansarde en plombs de Venise. On a quelquefois une vue, mais on n'aperçoit que des cheminées, des ardoises, des toits et des gouttières. En hiver, les mansardes sont aussi humides qu'un marais.

Le plus souvent, la mansarde est isolée, et l'on n'aperçoit guère que d'horribles créatures, des juifs, des vieilles femmes, des chats, des marchands de chapeaux ruinés avec lesquels il est peu agréa-

dit bonjour, on s'envoie des baisers; les baisers sont rendus; on se rencontre dans la rue. Un jour la mansarde nº 1 va rendre visite à la mansarde nº 2. Et voilà une nouvelle paire d'amoureux....

ble d'avoir des relations.

On rit, on chante, on boit, — dans les mansardes de poëtes. Quelques vaudevillistes audacieux y font *sabler le champagne.*

Souvent il fait faim dans les mansardes; on n'y rit pas alors, on y chante peu, et on boit moins encore. — Peut-être pourrait-on trouver souvent à boire des larmes...

Les commis-voyageurs ont chanté partout :

« Dans un grenier qu'on est bien à vingt ans ! »

Malgré ce qu'a dit Monsieur de Béranger,

« Dans un grenier qu'on est mal à vingt ans ! »

Le logis de Mlle Amourette.

— Bonjour, voisin, dit Amourette en riant de la figure étonnée du graveur.

Chien-Caillou avait à peu près raison de s'étonner de cette subite connaissance; il n'avait jamais vu sa voisine, non plus qu'entendu parler. Au fond, il s'inquiétait peu des femmes, il dépensait tout son amour pour son lapin, et il n'avait jamais songé à mieux placer ses affections.

— Vous sortez, voisin? continua Amourette qui était couchée sur un mauvais lit de sangle.

— Oui, mademoiselle, répondit le graveur.

— J'aurais bien voulu que vous disiez à la fruitière de nous monter pour quatre sous de *frites*.

— Si vous le désirez, je vous les rapporterai moi-même, je n'ai qu'une petite course.

— Ah! mon voisin, que vous êtes gentil!.. Mais ça ne se peut pas, dit-elle en hésitant... Avez-vous quatre sous?

Quoique cette demande fût faite un peu brusquement, en raison de la nouveauté des relations, Chien-Caillou trouva cela tout naturel. Les malheureux sont si vite frères!

— Ma foi, dit-il, je suis aussi pauvre que vous.

— Eh bien! je vous remercie tout de même; dites à la fruitière de monter les frites; quand elle sera ici, elle n'osera pas les remporter, quoique nous lui devions déjà quelque chose.

— Bon, je vais faire comme vous dites.

— Ah çà, voisin, vous reviendrez nous voir, j'espère? Pourquoi ne venez-vous jamais?

— Je ne sors pas et je ne savais pas que vous étiez si près de moi.

— Il faut que vous voyiez ma sœur. Vous avez l'air triste, nous vous ferons rire. Ah! comme nous nous amusons toutes les deux! Est-ce que la petite folle n'a pas vendu hier ma robe et mes jupons! Nous n'avons plus qu'une robe pour nous deux. Elle me laisse en chemise. Tenez...

Et Amourette releva la couverture, non par effronterie, mais par misère joyeusement cynique; ce dont fut tellement effrayé Chien-Caillou, qu'il ouvrit la porte et descendit précipitamment l'escalier.

Quelque temps après, la sœur d'Amourette rentra:

— Eh bien! Nini, as-tu de l'argent?

— Pas un liard; mais j'ai faim.

— Le voisin est descendu chez la fruitière. Nous allons manger. Tu n'as donc pas trouvé M. Clément?

— Il est parti à la campagne, à ce que m'a dit sa bonne. Dis donc, Amourette, la bonne me fait une fière paire d'yeux quand j'y vais.

— Elle se doute peut-être de quelque chose.

— Qu'est-ce que ça lui fait? Ne dirait-on pas que je ruine son M. Clément?... Ah! le vilain vieux avare! Faut-il que nous ayons besoin de manger... Il est laid, il prise, il a une perruque...

— Je ne veux plus que tu y retournes, Nini; c'est pour moi que tu te sacrifies, parce que je suis une paresseuse. Mais demain je veux retourner *chiffonner* avec papa. Il me battra, ça m'est égal; au moins tu ne seras plus obligée d'aller avec *ton vieux*.

— Tu resteras, Amourette; je veux que tu restes avec moi, dit Nini dont les paupières s'emplissaient de larmes; tu voudrais donc me laisser seule. Tu sais bien que nous sommes trop grandes pour *faire* le chiffon, que le métier ne va pas, et que, si papa nous a renvoyées, c'est qu'il ne pouvait plus nous nourrir. J'ai rencontré une femme qui m'a dit qu'elle nous apprendrait la brochure; nous pourrons gagner tout de suite six sous par jour chacune.

— A la bonne heure, dit Amourette, nous pourrons vivre avec les six sous. Tu n'auras plus besoin du *vieux*.

3

— Je tâcherai de mettre quelque chose de côté, dit Nini; je m'achèterai une petite robe comme j'en ai vu l'autre jour, à sept sous le mètre; un petit dessin à fleurs qui est gentil tout plein. Avec ma robe, j'aurai aussi un bonnet neuf à la Charlotte Corday, des brodequins pas cher; on en vend d'*occase*, pour presque rien. Et puis, nous irons au bal. Hein ! Amourette.

— Oui, nous irons chez Constant... Entends-tu monter, Nini ? C'est la fruitière sans doute.

— Ma voisine, c'est moi, cria Chien-Caillou en dehors.

— Ne parle pas de M. Clément devant lui, dit Amourette.

Parenthèse.

O mon oncle, que vous avez eu raison de m'inter-
rompre au lit et à l'échelle! Vous m'auriez accusé de
nager en plein dans les eaux de l'immoralité.
Qu'auriez-vous pensé d'Amourette qui relève ses
draps pour montrer qu'elle est en chemise, et
surtout de Nini qui vend son corps à *un vieux ?*

J'entends déjà vos déclamations, ô mon oncle, grainetier vertueux qui vendez vos tulipes, vos dahlias trois fois le double de leur valeur, si *la pratique* n'y entend rien.

Un beau jour, après une pareille vente, mon oncle, qui passe dans le quartier pour un estimable commerçant, rentra dans son arrière-boutique. Sa fille lisait.

— C'est mon neveu, dit-il, qui t'a prêté ce volume ?

— Oui, père.

— Quel est son *intitulé ?*

— *Paul et Virginie*, père.

— Ah ! le drôle ! il infestera toujours ma maison de *publications dangereuses.* Tu ne l'as pas lu tout entier, j'imagine... Voyons, où en es-tu ?... A la page 12... il n'y a pas trop de mal...... Ma fille, je te défends de lire dorénavant les livres que ton cousin apporte ; ne regarde même pas les titres.

Le soir, mon oncle me fit un discours très-moral sur les romans-feuilletons qui semblaient prendre à tâche de gangrener les familles ; à la suite de quoi

il m'interdit l'entrée de sa maison, si j'avais des
livres sous le bras (1).

Plaise à Dieu que le présent livre ne lui tombe
pas sous la main !

---

(1) Cependant mon oncle fait des réserves. Il trouve M. Sue un
homme très-moral et rempli des meilleures intentions.

Comment on dîne quelquefois.

Chien-Caillou entra la mine triste.

— Elle ne veut pas?... dit Amourette, qui comprit cette pantomime.

— Elle m'a insulté par-dessus le marché.....

— Qui donc? demanda Nini.

— La fruitière. Elle a fini ainsi, en mettant ses poings sur ses hanches : — Pas d'argent, pas de *frites.*

— Si nous avions seulement du pain..... dit Amourette.

— Du pain ! répondit Chien-Caillou tout joyeux, j'en ai à votre service; il est noir, mais il est bon. J'ai aussi des carottes. Vous ne les aimez peut-être pas. Moi, je n'aime que ça, mon lapin aussi.... Je cours vous chercher à manger.

— Voisin, vous êtes trop bon, vraiment.

— Vous avez un lapin chez vous ? dit Nini.

— Oui, un beau lapin blanc, Petiot, qui est gentil comme tout.

— Oh ! amenez-nous-le, nous rirons un peu.

Chien-Caillou sortit, et revint aussitôt avec du pain de munition et une botte de carottes. Le lapin se tenait gravement sur son épaule, à l'instar des perroquets. Ce furent des cris de joie sans nombre, dans la mansarde, à la vue du lapin.

Amourette le prit dans ses bras et le baisa sur le nez. Après quoi, il passa dans les mains de Nini, qui le dévora de caresses. Jamais le lapin n'avait été aussi embrassé, ce qui ne lui faisait pas perdre son sang-froid. Tous les quatre s'installèrent sur le lit et mangèrent avec appétit ce repas improvisé. Entre deux bouchées :

— Voisin, comment vous appelle-t-on, dit Amourette.

— Chien-Caillou.

— Oh! le drôle de nom! Moi aussi j'en ai un drôle, on m'appelle Amourette; c'est à cause d'une romance, voilà tout ce que je sais... Il est bien bon, votre pain...

— Les carottes aussi, dit Nini. Ça doit vous coûter encore cher, monsieur Chien-Caillou, de nourrir votre lapin?

— Je ne le nourris pas toujours si bien; quelquefois il n'a que du son; quelquefois il jeûne. Une fois j'ai cru qu'il allait mourir, mon pauvre Petiot; nous avions été deux jours sans manger : j'étais couché, moi, comme un propre à rien. Je ne pensais plus à lui; il vient tout d'un coup se frotter contre moi, et puis il me regardait avec ses grands yeux. Faut-il que je sois lâche! me dis-je. Parce que tu meurs de faim, tu laisses mourir de faim les autres. Je descends quatre à quatre, je cours dans la rue; heureusement la fruitière avait épluché ses choux, je rapporte bien vite les mauvaises feuilles. Ah! il était temps; pauvre Petiot! il était couché sur le flanc... J'ai d'abord cru qu'il était mort... pensez donc, il n'y a que lui qui m'aime...; en m'entendant, il dresse les oreilles, je lui jette les feuilles, et il l'a échappé belle...

— Pauvre Petiot! dit Nini en l'embrassant. Quel dommage s'il était mort!...

— Vous êtes bien bon, monsieur Chien-Caillou, dit Amourette, et je vous aime déjà comme si je vous connaissais depuis deux ans.

— Ah! mademoiselle, dit le graveur embarrassé... Écoutez, demain, j'aurai sans doute de l'argent; le père Samuel viendra, nous dînerons mieux...

— Nous ne voulons pas, dit Amourette, vous ruiner... Nous en aurons peut-être aussi... on en doit à ma sœur...

— Allons, au revoir, dit Chien-Caillou, j'ai un peu à travailler : à demain.

— Adieu, monsieur Chien-Caillou, dirent les deux jeunes filles.

Mise en scène du père Samuel.

Chien-Caillou finissait sa planche, lorsqu'on frappa à sa porte : — C'est le père Samuel, dit-on.

Le père Samuel entra. Un vieillard grand, maigre et barbu; des vêtements en défaillance et sales; sur la tête, un chapeau qu'une marchande du Temple ne voudrait pas étaler; des souliers de poëte du

quartier latin : tel était le père Samuel, juif et brocanteur, protecteur de Chien-Caillou. Le protecteur
valait le protégé, et tous les deux s'harmonisaient
parfaitement avec la mansarde.

Le père Samuel est connu dans tous les ateliers
de Paris. Il vend des crayons, des canifs, des couleurs, ou les échange contre de vieux habits. Il
achète des esquisses, des pochades de jeunes
peintres, et passe pour très-compétent en matière
d'arts. On le dit riche et usurier, car il prête aux
étudiants.

— *Foyons foir la blanche*, dit-il dans son ba-
ragouin.

— J'en ai tiré une épreuve, dit Chien-Caillou,
mais je ne suis pas content.

— *Evegdifement, il n'est bas drés pien fenu.*

— Si vous saviez comment je l'ai tirée?

— *Gomment ça?*

— Avec du cirage et une brosse à souliers.

— *Et bourguoi?*

— Ça coûte dix sous chez les imprimeurs; vous
ne payez pas assez cher...

— *Allons, allons, fous n'édes chamais gondent.*

— Père Samuel, voilà trois jours que je travaille là-dessus, je ne peux pas vous la donner pour cinq francs comme les autres... J'aime mieux garder mes *machines* pour moi, à ce prix-là.

— *Pah! nous nous arrancherons, che fous tonnerai une ponne retincode bour l'hiver.*

— Non, non; dit Chien-Caillou; une redingote, je n'en ai pas besoin. Avez-vous des pommes de terre?

— *Gomment, tes bommes té derre?*

— Oui, je veux dix francs, et vous m'assurerez un boisseau de pommes de terre par semaine, en admettant que je travaille pour vous... Il me faut dix francs par planche...

— *Terteifl! fous mé ruinez. Bonchour, ché né beux bas à ces gontidions.*

Et le père Samuel s'en alla. Chien-Caillou, qui connaissait cette ruse particulière aux juifs et aux marchands d'habits, le laissa faire. Deux minutes après, le père Samuel remontait, en offrant cinq francs et les pommes de terre, et jurant ses grands dieux qu'il était ruiné pour toujours; le graveur tenant bon, il s'en alla une seconde fois. Cependant il revint encore, car il avait ses motifs pour ne pas rompre avec Chien-Caillou.

Le père Samuel, qui brocantait aussi les tableaux, ayant vu dans un atelier des dessins à la plume et des eaux-fortes de Chien-Caillou, devina tout le prix de ces croquis. Chien-Caillou gravait comme personne ne grave; ses longues contemplations de Rembrandt lui avaient donné un *faire*, non pas exactement copié d'après ce grand maître, mais qui, mitigé d'après ses propres inspirations, produisait quelque chose d'extraordinaire. Chien-Caillou était artiste comme Albert Dürer, avec autant de naïveté. Sans éducation littéraire, sans éducation artistique, il était parvenu à faire des œuvres d'un grand sentiment. Il avait la foi naïve du Pérugin et des vieux maîtres.

Pour comprendre les eaux-fortes de Chien-Caillou, il fallait être artiste. La plupart des gens n'y auraient rien vu; les véritables amis de l'art y découvraient un monde. Jamais la pointe ne s'était jouée d'autant de difficultés. Le père Samuel avait deviné, avec son instinct de brocanteur, le génie de Chien-Caillou. Il se mit en rapport avec lui et lui acheta ses gravures à vil prix. -

Le père Samuel connaissait beaucoup d'amateurs : il porta les eaux-fortes chez quelques-uns qui répondirent ce que Diderot disait des dessins à la plume de Rembrandt : Je ne comprends rien à ces *griffonnages*. Mais un vieux collectionneur d'estampes, mieux avisé, poussa un cri d'admiration à la vue de ces dessins et demanda le nom de l'auteur. Le rusé père Samuel répondit que l'auteur était un Hollandais, sans doute du XVIIᵉ siècle, que le hasard l'avait mis sur les traces de ce trésor et qu'il ne soupçonnait pas le nom de l'auteur.

Le collectionneur intrigué alla au cabinet des estampes montrer cette rareté à M. Duchesne. M. Duchesne, quoique très-savant, y perdit son latin. On remua tout le cabinet, on feuilleta tout l'œuvre des Flamands, des Hollandais, des Allemands; il fut impossible de rien trouver : on en conclut que ces gravures étaient d'un élève de Rembrandt. Le vieil

amateur acheta chaque estampe 200 francs au juif;
et celui-ci, pour ne pas éveiller les soupçons, les
jaunissait, les maculait, les froissait et les déchirait,
ce qui leur donnait l'aspect de gravures très-an-
ciennes.

On voit par là qu'il ne faisait pas un mauvais
trafic avec Chien-Caillou. Aussi, après avoir juré
contre la misère des temps, après avoir réfléchi,
accorda-t-il les dix francs et le sac de légumes, ce
qui mit le pauvre graveur tout en joie. Jamais il ne
s'était vu si riche. Après avoir arrêté rigoureu-
sement les clauses du marché, le père Samuel s'en
alla en recommandant à Chien-Caillou de soigner
ses planches.

Un mariage au soleil.

Le lendemain, Amourette vint réveiller Chien-Caillou en grattant à sa porte.

— Voisin, venez vite déjeuner. Nini a rapporté toutes sortes de bonnes choses. N'oubliez pas d'apporter le lapin.

Amourette était rentrée sans attendre la réponse. Chien-Caillou se leva, prit Petiot dans ses bras et sortit. En ouvrant la porte de ses voisines, il fut frappé de l'odeur qui errait dans la chambre. Le lapin dressa les oreilles et agita son vaste nez.

Sur une petite table était un plat contenant force côtelettes dont la chaleur s'échappait en fumée. Ces côtelettes dorées nageaient dans une sauce appétissante, parsemée çà et là de cornichons d'un vert joyeux. A côté des côtelettes s'élevait une pyramide de frites, sur lesquelles une main prudente avait dispersé les grains argentés de sel nécessaire. Chien-Caillou, qui n'avait jamais assisté à pareil festin, ouvrait de grands yeux d'étonnement.

— A table, voisin, dit Amourette, à table, pendant que tout est chaud.

Tout le monde s'assit sur le lit et mangea avec plus d'appétit encore que la veille. — Il est de notre devoir de déclarer que le lapin refusa les côtelettes et les frites, ce qui donnerait à penser que Petiot était plutôt gourmand que gourmet. — Il y avait aussi par terre une certaine bouteille de vin qui redoubla la gaieté de l'assemblée, peu habituée aux capiteux.

— Je suis riche aussi, dit Chien-Caillou, le père Samuel est venu.

— N'est-ce pas un vieux bonhomme, dit Nini, qui a un *bolivar* tout bosselé ?

— C'est lui-même. Il ne faut pas en dire de mal; il me fait vivre, et bien. Maintenant je suis sûr de passer un bon et chaud hiver.

— Ah çà, voisin, dit Amourette, sans être trop curieuse, qu'est-ce que vous faites ?

— Je fais de la gravure. Et vous ?

Amourette rougit et balbutia :

— Nini travaille un peu; j'ai essayé de faire des fleurs en porcelaine, mais je n'avais jamais assez d'argent pour acheter des outils.

— Ah! dit Chien-Caillou, si j'avais mon bateau !

— Quel bateau ?

— Petiot le sait bien, lui; nous en avons assez causé du bateau! Voilà ce que c'est. Quand j'aurai amassé quelques sous, ce qui ne sera pas long, j'achète des planches d'occasion et je me fais un petit bateau. Je mets dedans des pommes de terre, un sac de pain de munition, des carottes, du son pour mon lapin, et puis tout ce qu'il me faut pour graver..... Il y aura une petite chambre où on pourra faire du feu pour l'hiver..... Je porte mon bateau au Pont-Royal, je monte dedans avec Petiot. Nous allons en Belgique, en Hollande, tout partout où il y a des tableaux de Rembrandt... Pendant que nous serons en pleine eau, je graverai. J'aurai aussi quelques économies pour renouveler mes provisions..... D'ailleurs, je vendrai mes gravures, je connais des amateurs très-riches en Belgique. Voilà ce que j'ai rêvé toute ma vie... Mais l'année prochaine...

— Et on ne vous verra plus? dit Amourette, dont la voix s'altéra.

— Oh! je ne reviendrai pas de si tôt!

— Et vous nous oublierez, méchant? Vous ne pensez donc plus à nous, à moi? dit Amourette.

Chien-Caillou fut touché de ces reproches.

— Je vous emmènerais bien avec moi toutes les deux; mais le bateau ne serait peut-être pas assez grand.

— Oh! je veux partir avec vous, moi, dit Amourette. Je ne suis plus heureuse que quand vous êtes là. Je vous aime encore plus qu'hier, et demain je vous aimerai encore plus qu'aujourd'hui. M'aimez-vous un peu, monsieur Chien-Caillou?

Chien-Caillou, qui était embarrassé par la présence de Nini, répondit avec un gros soupir : — Oh! oui.

— Moi, dit Nini, je ne veux pas aller dans le bateau. D'abord, je vous gênerai, et puis il n'y a pas de bal, on ne dansera pas dans votre bateau. J'aime bien monsieur Chien-Caillou, je t'aime encore plus, Amourette, mais j'aurai peur de me noyer... Vous m'écrirez, je pleurerai souvent en pensant à vous... je pleure déjà, dit-elle en sanglotant.

— Allons, Nini, ma sœur, nous ne sommes pas encore partis. Veux-tu pas pleurer? Fi! tu veux donc me faire du chagrin !

Les deux sœurs s'embrassèrent, et la joie reprit son cours. Comme Chien-Caillou s'en allait, Amourette lui parla bas à l'oreille : — Attendez-moi ce soir.

Chien-Caillou s'en retourna fort intrigué, et, la

nuit venant, il s'étendit sur son lit. Amourette vint peu après.

— M'aimez-vous beaucoup, monsieur Chien-Caillou? dit-elle d'un ton sérieux.

— Plus que je ne saurais le dire.

— Voulez-vous que je sois votre femme pour toujours?

— Je le veux bien, balbutia Chien-Caillou qui perdait la tête.

Là-dessus Amourette raconta sa vie passée à Chien-Caillou; elle avoua toutes ses fautes. Le pauvre graveur tenait la main d'Amourette dans sa main, et il était heureux, car jusqu'alors il n'avait pas pensé aux trésors d'amour qui sommeillaient dans son cœur.

Le matin, les deux amants furent réveillés par Petiot, qui vint s'abattre sur le lit. Chien-Caillou eut un cri sublime :

— Je crois que je t'aime mieux que mon lapin, dit-il à Amourette, timide comme une jeune mariée.

— Ah! dit Amourette, maintenant je suis sûre de toi.

Et, pendant une heure, les projets de ménage futur allèrent leur train. Le bateau jouait toujours un grand rôle. Amourette devait apprendre un état qui lui permettrait de soutenir le ménage de son côté. Nini vint embrasser Chien-Caillou, qu'elle appela son frère, et la petite mansarde, si noire et si triste, prit elle-même un air de fête.

La queue du bonheur.

Le jeune ménage fut heureux un grand mois
Cependant Chien-Caillou avait les yeux fatigués; il
travaillait beaucoup. Amourette lui causait en tra-
vaillant. Jamais elle n'avait été aussi gaie. Le graveur
avait installé ses quelques outils dans la mansarde
de sa maîtresse, où il faisait plus clair.

Un matin, il sortit pour aller chez le père Samuel.

La portière monta chez Amourette :

— Le propriétaire veut qu'on le paie, à la fin...

— Je n'ai pas d'argent... dit Amourette.

— Ah! vous n'avez pas d'argent. Eh bien! vous allez filer à la minute, et toutes les deux...

— Mais... dit Nini.

— Je crois que vous voulez vous révolter. Qu'est-ce que c'est que des gueuses pareilles!... Ah! vous n'avez pas d'argent... Vous mangez donc tout? D'ailleurs, *monsieur* ne veut pas de coureuses dans sa maison... Allons, qu'on file, et bien vite...

— Laissez-nous attendre au moins M. Chien-Caillou...

— Oui, en voilà encore une autre bonne pratique, qui doit deux termes et plus... Son compte ne sera pas long... Allons, voulez-vous f..... votre camp, ou je vous fais mener par la garde chez le commissaire.

Les deux jeunes filles sanglotaient et ne trouvaient rien à répondre à la vieille mégère; elles firent un petit paquet de leurs habits. Nini écrivit quelques mots sur la porte de Chien-Caillou, et elles

5

descendirent tout en pleurs, pendant que la portière leur disait :

— Vous êtes encore bien heureuses que je vous laisse emporter vos *effets* et que je ne vous dénonce pas à la police, petites rouleuses.

Chien-Caillou, en rentrant le soir, lut sur sa porte ceci :

« *Nou ceron à midi à vousse atandrr den le Lus-sambour.* »

Il descendit, le cœur ému, chez la portière qui lui dit sèchement :

— *Monsieur* a commandé qu'on les mette à la porte. Si vous croyez qu'on peut garder, pour l'amour du bon Dieu, des locataires qui ne paient pas... Du reste, elles ne sont pas les seules, et il y en a d'autres qui...

Chien-Caillou, sans en entendre davantage, courut au Luxembourg. Il était six heures du soir. L'hiver commençait et le brouillard tombait; il fit le tour du jardin, s'arrêtant à chaque femme qu'il rencontrait; il ne trouva pas les deux sœurs. Bientôt le tambour battit; on ferma les portes, et le pauvre graveur revint seul à la maison. Il ne pleurait pas, mais il avait la mine sombre et l'œil égaré.

Petiot vint se frotter à lui, et pour la première fois Petiot fut repoussé brusquement. Chien-Caillou ne dormit pas; toute la nuit sa petite chambre retentit de soupirs. Le lendemain, à six heures du matin, il était à la grille du Luxembourg; il attendit deux heures l'ouverture. Toute la journée, il resta sans manger, marchant comme un fou, fouillant les moindres buissons, comptant les heures, parcourant les allées, les contre-allées, et regardant sous le nez les filles du quartier, qui riaient beaucoup de cette mine effarée.

Pendant huit jours il fut fidèle à son poste; pas d'Amourette. Il revenait quelquefois les habits trempés, jurant et voulant se casser la tête contre les murs. Un jour, le lapin ayant manifesté ses caresses trop longuement, Chien-Caillou le prit par les oreilles et le lança contre la muraille.

Petiot poussa un faible cri et retomba sur le plancher. Il était mort. — Il est impossible de peindre la douleur de Chien-Caillou; il le ramassa, le baisa sur le nez, le mit réchauffer dans son lit, car il croyait qu'il n'était qu'étourdi. Mais Petiot ne bougeait pas; il commençait à avoir froid.

Chien-Caillou s'étendit sur son lit et jura de se laisser mourir de faim... Il avait les yeux tout grands ouverts, secs et rouges; s'il avait pu pleurer, il eût été moins malheureux, mais il était pris d'une douleur sourde et implacable qui ne trouve de fin que dans le suicide.

Peu à peu sa vue s'obscurcit; il entendait sonner les heures de l'église voisine. Huit heures du matin tintèrent; ses yeux étaient ouverts.

— Ah ! dit-il en poussant un grand cri, je ne vois plus...

Quelques locataires montèrent entendant ce cri...

Le pauvre Chien-Caillou n'est plus aujourd'hui un homme, un artiste, ni un graveur; il est le numéro 13 de la Clinique.

6 octobre 1845.

LES SOUVENIRS

DU

DOYEN DES CROQUE-MORTS

A M. Théophile Gautier.

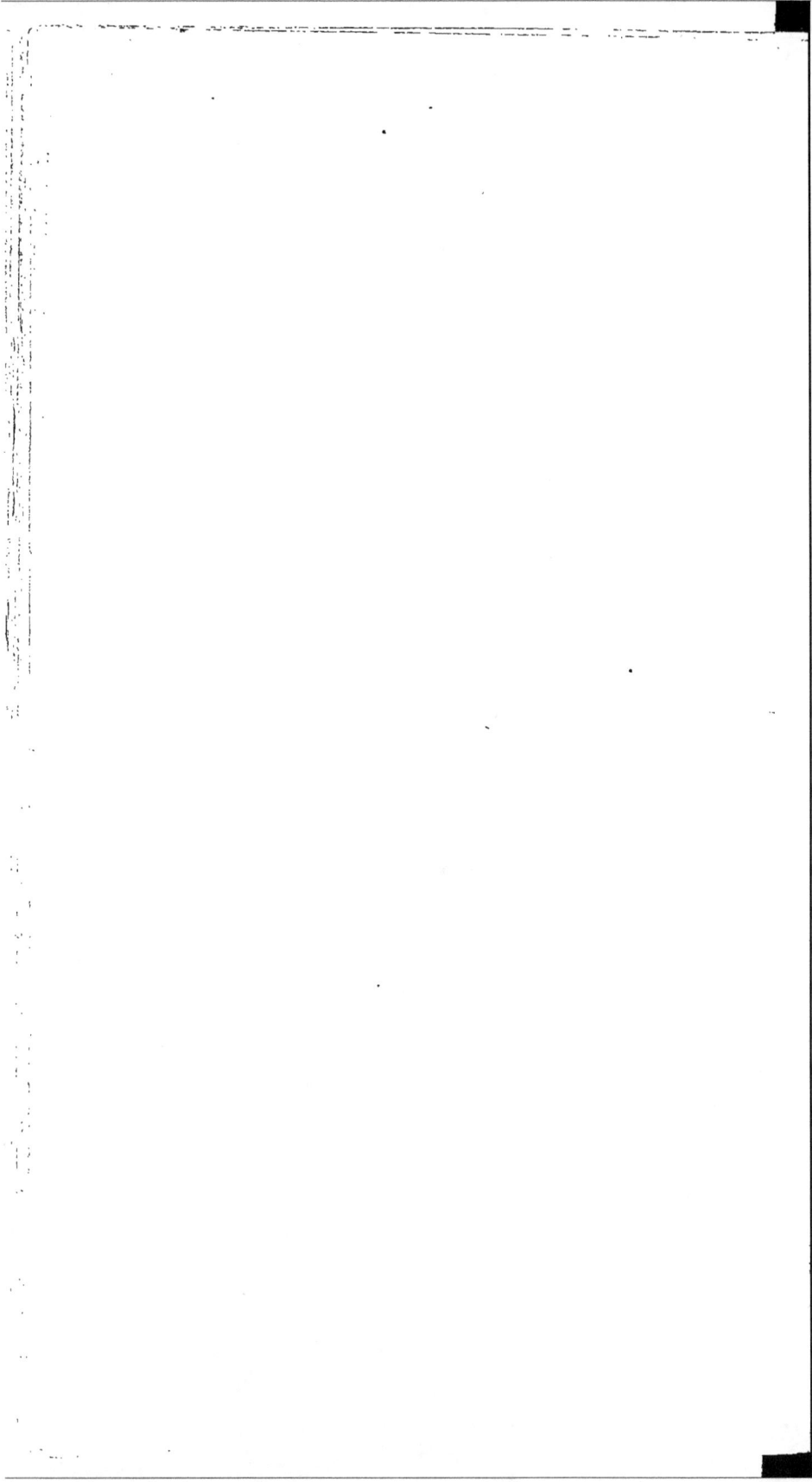

LES SOUVENIRS

DU

DOYEN DES CROQUE-MORTS.

M. Petrus Borel, — ce nom vient tout naturelle-
ment quand on parle croque-morts, — écrivit jadis
sur cette matière un article remarquable et d'un
goguenard inouï. Un matin, on sonne à sa porte, il
va ouvrir.

— Je suis Bug-Jargal, dit l'entrant.

— En quoi puis-je vous être agréable, monsieur?

— Laissez faire, vous nous l'avez été déjà assez... Nous voulions vous voir et nous sommes venus... Vingt-cinq cercueils ! Nous vous remercions de tout notre cœur... Ah ! sacristi, quand vous mourrez, nous vous porterons comme un prince, tout à la douce et sans vous secouer...

M. Petrus Borel ouvrait de grands yeux.

— Il y a un petit malheur, c'est que vous ne soyez pas du 11e arrondissement. On vous aurait porté au Mont-Parnasse ; on est là comme chez soi. Pas besoin de tombeau. Moi, je me chargeais de vous entretenir de bon terreau, j'ai un ami jardinier par là ; il ne faut pas autre chose sur son cadavre que des fleurs, c'est plus gai.

Alors seulement l'homme de lettres commença à comprendre que le personnage qui débutait par un tel discours pouvait bien être un croque-mort. Si l'accoutrement de Bug-Jargal était insolite, sa physionomie ne l'était guère moins. Une petite tête ronde grêlée, jovialisée par trois fossettes faisant élection de domicile sur les joues et sur le menton ;

le nez rouge et gros comme celui d'un buveur de Teniers; des besicles, instrument inaccoutumé aux gens de cette profession; et sur le tout un crâne nu comme un ver. L'habit-veste de drap noir, la cravate blanche, le gilet et le pantalon noir donnaient l'idée d'un huissier de province endimanché.

— Monsieur Bug-Jargal, répondit M. Petrus Borel, je suis très-charmé de votre aimable visite et vous remercie de vos non moins aimables propositions ; mais je n'ai encore aucune idée de faire un tour à Mont-Parnasse ou au Père-Lachaise...

— Je l'entends bien de même, reprit Bug-Jargal; histoire de rire tout simplement. Ah! faut-il faire monter les autres?

— Quels autres?

Bug-Jargal alla à la fenêtre et montra du doigt à M. Petrus Borel une cinquantaine de croque-morts qui se promenaient gravement dans la rue, les uns causant, les autres fumant. Tous avaient revêtu leur costume officiel.

— Eh! mais quel est votre dessein?

— Les faire monter ici.

— Non, non et non.

— Sacrés cercueils, ils ne seront pas contents. Voilà ce que c'est. Je suis leur doyen, tel que vous me voyez. Je leur ai lu votre travail entre deux verres de vin, et ils m'ont dit : — Ça ne peut pas se passer comme ça, allons remercier l'*auteur*. Et puis, nous sommes venus. Voilà donc pourquoi ils ont pris la liberté de m'envoyer en avant.

— Je vous remercie, vous le leur direz de ma part; mais ils me feraient grand plaisir de ne pas rester là trop longtemps... On pourrait croire qu'il y a un mort dans la maison...

— Bon, reprit Bug-Jargal, je saisis vos systèmes ; les auteurs ont des drôles d'idées, enfin n'importe. Nous allons vous obéir; au moins faites-nous un petit plaisir... Après, nous partons.

— Je suis tout à votre service.

— Allons, vous êtes un brave auteur, monsieur Petrus Borel. Puisque vous ne pouvez pas recevoir mes camarades, montrez-vous une minute à la fenêtre; qu'ils puissent vous voir.

— C'est convenu. Adieu, monsieur Bug-Jargal,

— A l'avantage de vous revoir, monsieur Petrus Borel! Surtout, si le malheur voulait que vous vous trouviez un de ces quatre matins *in extremis*, vous pouvez compter sur nous.

Bug-Jargal descendu conta à ses amis son entrevue avec l'*auteur* et leur dit :

— Attention, la fenêtre s'ouvre.

L'homme de lettres parut à son balcon.

— Vive M. Petrus Borel! crièrent les cinquante croque-morts.

Ce hurrah étonna beaucoup les boutiquiers du quartier, qui sortirent de leurs maisons, fort surpris d'entendre des croque-morts faire des souhaits de vie en l'honneur de quelqu'un,—ce qui va contre leur métier.

L'anecdote fut racontée au Divan, et tous les membres de ce cénacle pourraient au besoin l'affirmer.

Ce fait nous a servi à poser Bug-Jargal, doyen des croque-morts. Il y a trente-deux ans que Bug-Jargal est employé dans l'administration des pompes funèbres; pendant ces trente-deux ans, il n'a mérité

que des compliments de ses chefs. Depuis deux ans,
il aurait pu se retirer du service, il a droit à une
pension, mais Bug–Jargal a l'amour de l'art.

— Un croque-mort, l'amour de l'art, vous voulez
rire! — Je me garderai bien de rire en pareille oc-
currence. Cela semble en effet bizarre pour ceux qui
n'ont pas remarqué que les individus s'attachent à
leur profession, en raison de leur bassesse. — Pa-
rent-Duchâtelet cite les récureurs d'égouts comme
gens bridés à leur état par goût.

La seule faveur que demanda Bug‑Jargal aux
Pompes fut d'être employé à l'avenir au transport
des *petits*. Ce n'était pas le zèle qui faisait faute,
mais la force. Un matin, il avait laissé glisser d'un
second étage une bière contenant un très‑gros
grenadier de la garde nationale, mort d'apoplexie.
Ce lui fut un avertissement du ciel. « Mes bras s'en
vont! » dit-il.

L'administration lui accorda sa demande; et depuis, Bug-Jargal fut chargé du service des petits. —
Le *petit*, en style des Pompes, correspond à enfant,
en français. Voilà Bug-Jargal heureux, pouvant *tra-*

vailler à sa fantaisie et vivre libre comme l'air; car le petit s'en va plus qu'on ne le croit, isolé, au cimetière. Quand le petit est mort, les parents disent souvent : *Un fier débarras !*

Donc, Bug-Jargal s'en allait plus d'une fois *au* Mont-Parnasse, — sous-entendu cimetière, — portant la *biérette* sous le bras. Nous n'avons pas encore dit que le doyen des croque-morts était en même temps l'homme le plus poétique, le plus buveur, le plus philosophe et le plus lacrymal des Pompes. Quand il était seul par les chemins, servant tout à la fois de corbillard, de convoi, de parents et d'amis, pour se distraire, Bug-Jargal composait des manières d'oraisons funèbres rythmées qu'il adressait à *son* mort. Il avait adapté à ces discours de petits airs de fantaisie qui en relevaient la monotonie.

Voici une de ces ballades naïves que nous tenons de l'amitié de l'auteur :

— Eh bien! le petit, te voilà donc dans un bon lit de planches? —

— Tu es heureux, le petit ; à ton âge, on est mieux couché dans le sapin que vieux dans un lit de plumes. —

— Comme tu vas faire un bon somme, le petit.... le sommeil de l'éternité. —

— C'est que, vois-tu, le petit, la vie est une mort quotidienne, tandis que la mort est une vie perpétuelle. —

— Là-bas, le petit, où que tu vas être enterré, ton corps va faire pousser de la belle herbe verte et des marguerites. —

— Tu quittes, le petit, une vallée de larmes pour une vallée de joies. —

— Le bon Dieu va faire de toi un ange, le petit, parce que tu n'as pas encore péché. —

— Quand tu seras un ange, le petit, souviens-toi de moi, le vieux Bug-Jargal, qui seul t'accompagne. —

— Adieu, le petit, et prie pour moi. —

Bug-Jargal n'a jamais eu aucun penchant voltairien, et il croit sérieusement que *les petits* s'occupent de lui. « J'ai déjà là-haut, disait-il, deux cent cinquante-trois anges qui me connaissent. » Car il les compte et les inscrit sur un livre.

Quand il a remis la *biérette* aux fossoyeurs, Bug-Jargal s'en revient tranquillement faire un tour chez la *mère aux chiens*. On nomme ainsi la propriétaire d'un cabaret de la barrière d'Enfer. Là, se donnent rendez-vous les employés des Pompes, qui viennent vider nombre de fioles en mémoire des morts.

Ce cabaret, qui a pour enseigne *à la Girafe*, n'est pas des plus remarquables à l'extérieur. Il est même vilain avec le badigeon rouge criard dont on a jugé à propos de l'orner. Mais il existe une grande salle, exposée à tous les vents, avec un toit de bois, des tables et des bancs de bois solidement fichés en terre. Le jour n'y pénètre qu'à demi et donne à cette longue salle un aspect tout particulier, qu'on ne retrouve guère que dans les *brawery* de Hollande.

La cabaretière, une grosse personne, incessamment suivie d'une légion de jeunes chiens, d'où lui vient son surnom, est depuis longues années en fort bonne intelligence avec Bug-Jargal. La calomnie, qui s'assied même au cabaret, a prétendu qu'elle était sa maîtresse. Nous n'en croyons rien, pas plus qu'à la nouvelle de son mariage, facétie inventée par un croque-mort plaisant.

L'origine de ces bruits vient de ce que Bug-Jargal prend ses repas à la Girafe. Aussi bien le vénérable doyen a le mariage en horreur, et il répète souvent :

« Le mariage est un corbillard rempli de cahots. Il y a des mariages de première classe qui sont aux corbillards de première classe ce que les mariages de dernière classe sont aux corbillards de dernière classe. »

La conversation de cet homme étonnant est semée de mots en harmonie avec sa condition. Il a composé même une chanson *lariflatique* sur la mort, qui est dans le sentiment jovial et mélancolique des fresques que peignait à Bâle Holbein, et que la gravure a conservées sous le titre de la *Danse des Morts*. Nous en donnons trois couplets pour qu'on juge du ton philosophique qui est empreint dans cette chanson. La poésie n'en est pas des plus fines;

mais à quoi bon des règles qui gêneraient les pen-
sées de l'auteur?

AIR : *Larifla.*

La mort pour tous est bonne.
Oh! la belle besogne,
Quand aux petits et vieux
Elle éteint les deux yeux.
    Larifla, fla fla,
    Larifla, fla, fla, etc.

Brrr, la froide fille!
Disait un joyeux drille,
Sentant à son grabat
Claquer de maigres bras.
    Larifla, fla, fla, etc.

La folle personnière
Enfourne dans la bière
Les soucis du passé
Avec le trépassé.
    Larifla, fla, fla, etc.

Le public n'a pas grande sympathie pour les
employés des Pompes. Cela vient de ce que les
croque-morts, en général, n'ont pas de dehors.

D'ordinaire, ils sont vêtus de noir, qui est bien la couleur la plus distinguée ; — mais on ne sait pourquoi leurs habits de drap deviennent tout d'un coup du lasting, et de noir passent à un ton verdâtre et malheureux qui chagrine la vue. Leurs crêpes sont tout de suite loques, et plus d'un chiffonnier en ferait fi ! Voilà ce qui indispose le public.

Au contraire, Bug-Jargal a le sentiment du costume. Son habit ne se déforme pas ; son drap reste du drap et le noir demeure du noir. De cette tenue magistrale lui arrivent en foule les sympathies. Il a de tout temps exercé une certaine suprématie sur ses camarades ; ils admirent non-seulement le doyen, mais encore l'homme.

Du temps qu'il exerçait pleinement son métier, il reçoit l'ordre d'aller *encercueiller* un *homme* de haut parage. Les parents avaient recommandé au concierge de les avertir quand les croque-morts se présenteraient. Rien ne ranime la douleur comme un affreux croque-mort. Bug-Jargal monte et sonne ; il s'adresse justement à l'épouse du défunt qui le prit pour le notaire. —On ne peut pas faire de plus grand éloge à un employé des Pompes. Ce n'est pas tout, la bonne le voyant tout frisé et guilleret, — Bug-Jargal était jeune alors, — ne sut contenir son admiration et s'écria :

— Seigneur ! qu'il est donc gentil et propre... On dirait qu'il *sort d'une boîte...*

Cette expression que quelques lecteurs pourraient prendre pour une allusion, et qui est très-usitée dans la province, prouve simplement la bonne tenue et les soins exquis que Bug-Jargal a pour sa personne.

D'où vient-il ? d'où sort-il ? demanderont les personnes qui veulent savoir l'alpha et l'oméga d'un personnage. D'autres vont dire : On ne s'appelle pas Bug-Jargal, et mille autres réclamations fort désagréables à tout biographe.

Il n'avait pas de nom quand il sortit des enfants-trouvés. On l'appelait Pierre, singulière prédestination quand on songe à l'état qu'il devait embrasser dans la suite. Chose plus étrange encore ! il entra en apprentissage chez un menuisier. De menuiserie en menuiserie, il arriva chez l'entrepreneur des cer-

cueils. De confectionneur à porteur de cercueils, il
n'y a qu'un pas. Ce pas, il le franchit. Alors paraissait un des premiers romans de M. Victor Hugo;
l'ex-menuisier le lut, le relut et le lut encore. Il en
parla et reparla à qui voulait l'entendre; il le récitait
à ses amis; ce fut une rage. La Fontaine parlant à
tout le monde du prophète Barruch était moins
ennuyeux.

Bref, on surnomma Pierre Bug-Jargal en raison
de sa profonde admiration pour le livre; comme il
n'avait pas de nom, il garda celui-là. N'en valait-il
pas un autre?

Les entasseurs de tomes, qui se piquent d'écrire
des *choses* en dix volumes, peuvent aller trouver
Bug-Jargal. Il les recevra comme un marquis ne
reçoit pas et leur racontera des histoires étranges
qui laissent de bien loin en arrière Mme Radcliffe et
M. Sue, qui surpassent en invention les *Mystères
d'Udolphe* et les *Mystères de Paris*. Bug-Jargal, par
sa position, ne sait-il pas tout? N'a-t-il pas remarqué
dans les familles, au jour de l'enterrement, les douleurs et les larmes qui ressemblent tant à des pâtés

d'opéra-comique : — des douleurs et des larmes de *carton ?*

Nous qui n'avons voulu tirer qu'un simple crayon de cette figure originale, nous nous bornerons à narrer un seul fait observé par Bug–Jargal.

— Un homme pas riche, dit-il, venait d'être enterré au Mont-Parnasse. Je dis pas riche, à cause de son convoi qui était *maigrelet*. Huit jours se passent. Voilà un matin, une femme, longue et maigre, pâle comme la lune, qui demande la place où était son mari. Le concierge l'y mène. Elle tombe à genoux sur la terre et fond en sanglots. Nous sommes habitués à cela, pas vrai ? eh bien ! ça nous faisait de la peine. Ces sanglots–là n'étaient pas naturels. Il n'en sortait pas de larmes. Après, elle tire de dessous son châle une bouteille, mon Dieu ! faite comme toutes les bouteilles ; et puis elle ôte le bouchon et verse de l'eau sur la terre. Ensuite, elle s'en va. Une semaine après, elle revient. Toujours les mêmes sanglots et toujours la même bouteille.—« Madame, que lui dit le concierge, faut pas vous gêner à apporter de l'eau, nous en avons ici à votre service. »

Elle le regarde avec ses grands yeux fixes et ne répond pas. Ce commerce dura je ne sais combien. Pour lors, nous apprenons que la pauvre affligée passait son temps à pleurer; et ce qu'elle apportait dans sa bouteille, c'étaient des larmes, oui, monsieur, ses larmes de la semaine.

Ce simple narré, — qui laisse bien loin la douleur mythologique d'Artémise en l'honneur du roi Mausole, est un des mille faits dont est chargée la mémoire du croque-mort.

Tout dernièrement il a eu une idée originale. Il fit placer, sur la tombe d'un ouvrier qui s'était acquis une réputation par ses chansons dans les goguettes, une bouteille cassée.

Bug-Jargal a peut-être un défaut. Il n'aime pas la nature, il lui préfère le vin; ou il ne voit la nature qu'à travers un prisme sépulcral. Je regardais une plantation de jeunes arbres que faisaient sur le boulevard d'Enfer des ouvriers.

— Ces arbres-là, dit-il, c'est des cercueils qui poussent.

29 décembre 1845.

MONSIEUR LE MAIRE

DE CLASSY-LES-BOIS

A M. Arsène Houssaye,

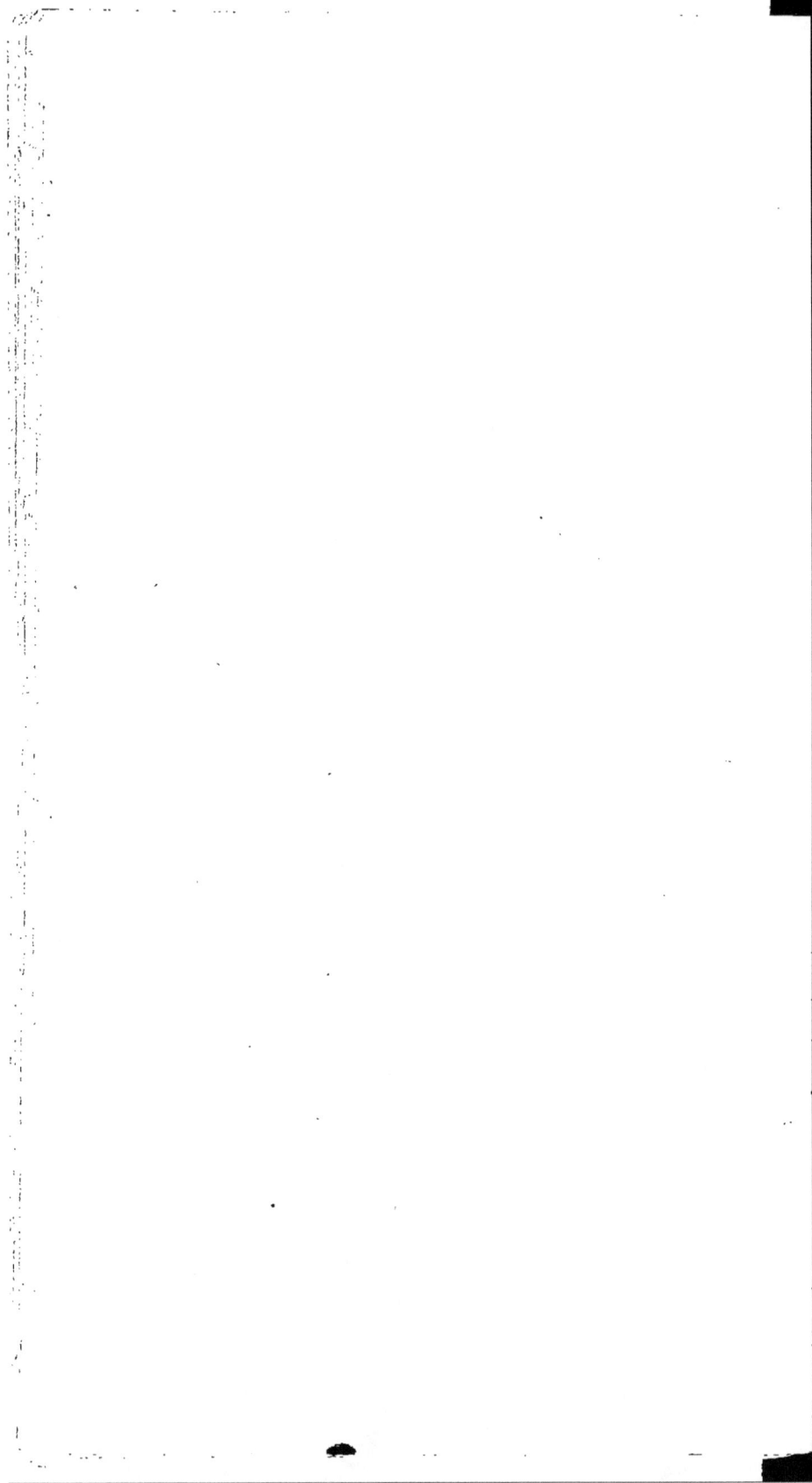

MONSIEUR LE MAIRE

DE CLASSY-LES-BOIS.

— Joséphine, Joséphine! cours chercher ce diable d'abbé et dis-lui que, s'il veut toujours me faire attendre ainsi, il n'a qu'à rester chez lui.

— Monsieur le maire, j'y vas.

7

Joséphine partie, le maire de Classy-les-Bois se laissa tomber dans son fauteuil, devant une table où un damier était préparé. M. le maire était un homme de cinquante-huit à soixante ans, portant des cheveux poudrés et à queue, et habillé d'une veste bleue, d'un pantalon noir râpé et de souliers à boucles; vieillard vert, long et maigre, à l'œil méchant, aux lèvres pâles et maigres, qui semblait habitué à commander et à voir les autres obéir. En effet, il avait fait partie, pendant la Révolution, du tribunal révolutionnaire de Laon. Sous le Directoire, les membres se dispersèrent dans le département. Potofeu, l'accusateur public, dont les braves gens parlent encore comme d'un Fouquier-Tainville, s'était établi procureur à Saint-Quentin, fort heureux d'avoir échappé à la condamnation de Babœuf, avec quiil comparut au tribunal de Vendôme. Gorju, — le maire, — avait acheté quelques biens à Classy-les-Bois, et s'était tenu très-tranquille pendant la Restauration.

La révolution de juillet arrivée, Gorju crut au retour de la république, porta le premier la cocarde tricolore, fit prendre aux fermiers leurs fusils de chasse, chanta la *Marseillaise* et prononça un discours où l'histoire romaine, la liberté, le civisme, jouaient un grand rôle: En conséquence, Gorju, après s'être donné tant de mal pour la révolution de juillet, après avoir voulu envoyer combattre à Paris les garçons du village, fut élu maire à l'unanimité. Beaucoup le craignaient, surtout croyant voir dans l'année 1830 un pendant de 93.

Le premier acte de Gorju maire fut de faire arrêter une patache qui dessert Laon et Coucy, par la raison qu'elle ne portait pas de drapeau à l'impériale. Il fit comparaître à la mairie le conducteur et lui déclara qu'il l'enverrait à la guillotine si le lendemain les couleurs nationales ne flottaient pas sur la patache. Cette décision répétée à Laon, à Coucy, à Classy-les-Bois et dans les villages avoisinants, inspira un grand respect pour Gorju, qu'on qualifia depuis de *Monsieur le maire*.

La cure de Classy-les-Bois était alors desservie par l'abbé Duflot, vieillard de soixante-dix ans qui avait passé à travers les orages révolutionnaires, non sans être inquiété, mais sans être ému. Les paysans adoraient l'abbé Duflot, prêtre tolérant, sans passions, qui ne suivait pas au pied de la lettre les chansons de M. de Béranger, mais qui laissait danser tranquillement, sur la grande place, sans y trouver à redire, les filles et les garçons.

Quoique Gorju détestât l'abbé Duflot, il le voyait arriver avec plaisir deux fois par semaine chez lui, car il ne trouvait personne autre dans le village pour faire sa partie. L'abbé, sans s'en douter, avait blessé profondément Gorju en l'appelant tout simplement M. Gorju, au lieu de lui donner ce titre de *monsieur le maire,* qui plaisait tant à l'ancien juge révolutionnaire.

Sur les huit heures du soir, l'abbé Duflot entra. C'était un de ces types de curé de campagne d'autrefois, — qui se perdent tous les jours, — grand, gros, les épaules légèremont voûtées, la face colorée. De grosses lèvres charnues indiquaient un certain penchant pour les plaisirs de la table; sa physionomie respirait cet air ouvert qui établit une si grande différence entre le curé des villes et le curé de campagne.

— Bigre! dit insolemment Gorju, vous venez trop tard, l'abbé.

— Hé! monsieur Gorju, j'ai été visiter les Panot, de pauvres gens bien malheureux!

— Des malheureux! dites plutôt des brigands, des contrebandiers que je voudrais voir rouer.

— Ah! monsieur Gorju, soyez plus compatissant aux infortunes d'autrui. Parce que les Panot font la contrebande de tabac.. Vous en fumez vous-même..

— Moi, jamais!

— Et ce tabac que je vois sur votre cheminée, dans du papier jaune, viendrait-il de la régie?

— Ah çà! dit le maire embarrassé, croyez-vous que je sois ici à confesse? Ça?... c'est des pièces de conviction... justement... qu'on m'a apportées; mais je les ferai empoigner par les rats-de-cave, vos gredins de Panot; je veux qu'ils moisissent au fond d'un cachot.

Gorju était au comble de la colère. Il fumait gratis du tabac belge de contrebande qu'on vend dans le pays moitié meilleur marché que le tabac de régie. Un contrebandier de ses protégés lui en faisait cadeau. On disait même tout bas que la maison du maire servait de cachette à la contrebande. Gorju détestait les Panot, contrebandiers avoués, parce qu'ils faisaient un tort immense à son protégé. Les paysans de Classy-les-Bois prétendaient à tort ou à raison que le tabac des Panot était très-bon, tandis que celui du protégé de M. le maire était souvent mouillé et quelquefois moisi, de plus qu'il apportait trop souvent du numéro 20, qui est bien loin d'atteindre à la qualité du 220. Toutes ces considérations avaient fini par procurer une grande clientèle aux Panot, ce dont M. le maire était profondément irrité.

— C'est bon, je sais ce que j'ai à faire, dit Gorju battu. L'abbé, vous n'êtes pas venu pour me quereller, jouons? le damier est prêt.

— Voulez-vous commencer?

— C'est un désavantage; mais enfin, puisque vous le désirez...

— Allons, poussez, c'est à vous...

— Je vous souffle, monsieur Gorju, dit l'abbé qui souffla naïvement sur la dame, comme pour donner plus d'autorité au coup.

— Peuh! c'est une subtilité; vous profitez de tout, l'abbé...

— Je joue le jeu : tenez! encore un coup de trois; une, deux, trois, s'écria l'abbé au comble de la joie.

— Au diable! dit Gorju, en bouleversant le damier; vous me parlez de trente-six choses à la fois, je n'y suis plus; c'est à recommencer.

— Comment donc, à recommencer! mais vous abandonnez la partie, j'ai gagné...

— Non, du tout, la partie ne compte pas.

— Alors, monsieur Gorju, je ne jouerai plus.

— L'abbé, vous jouerez, ou vous savez bien ce qui vous pend à l'oreille, dit-il avec menace.

— Je sais bien, quoi? Je ne sais rien de rien.

— L'abbé, prenez garde à vous! Votre servante Thérèse est une malhonnête, une mal embouchée, qui a insulté mon garde-champêtre... et dans l'exercice de ses fonctions. Ah! vous croyez, monsieur l'abbé, dit-il en cherchant à donner à ses yeux méchants un air goguenard, que vous êtes au-dessus de la loi? Pas du tout, monsieur l'abbé;

vous paierez l'amende, et votre servante aura l'honneur d'aller en prison.

— Mais... j'ignore tout cela, dit l'abbé Duflot; qu'y a-t-il?

— Il y a que vous donnez des goûts aristocratiques à vos valets et à vos *satellites*.

— Mes satellites, monsieur Gorju, dit l'abbé très-étonné.

— Oui-dà, monsieur l'abbé; votre bedeau, votre sonneur, votre chantre, vous les payez pour dire du mal de moi dans le pays; ils m'appellent révolutionnaire, mais attendez un peu; je leur ferai couper la tête.

— Allons, monsieur Gorju, ne vous laissez pas emporter. Mon chantre est un ivrogne dont je voudrais bien être débarrassé. Mon bedeau est doux comme un mouton. Pour le sonneur, Dieu le sait, s'il est possible de trouver sur la terre une meilleure pâte d'homme. Mais je ne vois pas où vous voulez en venir avec Thérèse. Elle est vive. Dame, elle a son franc-parler. Vous dites que c'est une aristocrate. Ah! la pauvre fille! elle, aristocrate! Elle voudrait déjà être dans le fond de son village avec les 200 livres de rente que je lui ai promises. Elle m'aime beaucoup, elle m'est toute dévouée; mais dites-moi, de grâce, ce qu'elle a fait à votre garde-champêtre; j'irai lui parler, elle fera des excuses. Ma pauvre Thérèse en prison! Ciel! que me dites-vous là?

— Il y a qu'elle fait exprès de contrevenir à mes ordonnances de salubrité publique. Jamais elle n'arrose sa porte à l'heure voulue. Ses amies les commères l'imitent, on se f... de moi. Mon garde-champêtre a fait sa tournée. Il a été prévenir votre servante qui lui a dit qu'elle n'avait pas le temps, et qu'elle arroserait quand ça lui plairait. Entendez-vous? quand ça lui plaira. Ah! bigre! l'abbé! Si vous croyez que je suis un maire pour rire... Nous verrons bien.

— Monsieur Gorju, allons, je m'en vais gronder Thérèse. Elle est si préoccupée, la pauvre fille, du matin au soir, qu'elle perd la tête. Tenez, monsieur Gorju, oublions tout cela, et faisons une partie de dames.....

— Non, non! Il faut que justice se fasse.

— La première partie ne comptera pas; j'avais tort, dit l'abbé en mettant en avant les moyens conciliateurs.

Les deux adversaires se remirent au jeu. La première partie fut gagnée par Gorju, qui était d'une joie insultante; la seconde par l'abbé Duflot. Cela se passa sans trop de contestations.

— Hé! Joséphine, cria Gorju, apporte-nous *la goutte ?*

— Vous savez bien, dit l'abbé Duflot, que je ne prends jamais rien entre mes repas; je vous remercie...

— Ah! bah! l'abbé, vous faites le difficile; pensez que c'est de *la vieille;* je l'ai depuis la Révolution. Du fameux cognac, j'ai eu cela dans une cave d'aristocrate que nous avons guillotiné.

— Je vous remercie, je n'en boirai pas, dit l'abbé tressaillant à ce souvenir et regardant cette propriété comme un bien mal acquis.

— Bah! avant de faire la *belle;* nous sommes *manche à,* hein! l'abbé?

— Oui, manche à, mais ce n'est pas une raison

pour me forcer à boire une liqueur qui me fait mal...

— Je vois ce que c'est, parce que je vous ai dit qu'elle sortait de la cave d'un aristocrate.

— Ce n'est pas pour cela, dit l'abbé; ça me ferait mal.

— Bon !... Joséphine, donne un verre de *doux* à l'abbé.

— Allons! dit l'abbé qui, ne sachant comment échapper à cette invitation désagréable, se résigna à prendre un verre de cassis en se promettant mentalement de jeûner le lendemain comme expiation.

— Hé! hé! hé! dit Gorju en riant d'un air sinistre, vous êtes enfoncé, l'abbé, vous avez bu du cassis; il était bon, n'est-ce pas? Hé bien! il vient aussi de la même cave que l'eau-de-vie. Hé! hé! hé! Ah! l'abbé, vous aimez le *doux*. Il paraît qu'il l'aimait aussi, le brigand, l'aristocrate que nous avons accroché à la lanterne. Hé! hé! hé!

— Ah! Seigneur, se dit l'abbé, je jeûnerai trois jours.

La partie décisive commença. Gorju eut d'abord

mauvais jeu, puis l'avantage se décida en sa faveur. Il *fit une dame*, ses yeux verts s'illuminèrent. L'abbé avait conservé tout son sang-froid, et, quoique voyant sa perte assurée, en ennemi courageux il voulait se défendre jusqu'à la fin. C'était sa campagne de Waterloo. M. le maire goguenardait de toutes ses forces; il n'était pas satisfait de terrasser son adversaire, il lui fallait l'humilier. Il se fit servir un second verre de *vieille*, pour arroser sa dame. Jamais vainqueur n'eut un pareil triomphe. L'abbé possédait encore huit dames, bien en ordre il est vrai, mais qui devaient être inévitablement écrasées par les dames ennemies. Celles-ci, assurées de la victoire, marchaient à la débandade, offrant partout des *repaires* dangereux dans un autre moment, mais la dame-maître les enveloppait de sa protection toute puissante. La petite troupe de l'abbé marchait toujours en ordre vers un coin.

— Eh! l'abbé, dit Gorju, enivré des *fumées de la gloire*, vous n'êtes pas encore content de perdre, vous voulez que je vous fasse des *cochons*.

Chacun sait que les *cochons* sont des dames

acculées et frappées de paralysie. Mais les fins
joueurs ne désespèrent jamais ; sur ses huit dames,
l'abbé avait fait le sacrifice de deux ; l'une, s'avan-
çant traîtreusement sur la grande ligne où régnait
la dame de son adversaire, la força à la prendre pour
venir retomber dans ce gouffre qu'on appelle un *ti-
roir*. Gorju, désenivré tout d'un coup, lâcha un formi-
dable juron. La chance tournait ; sans *dame*-maître,
Gorju devait perdre ; ses troupes étaient éparses çà
et là, tandis que la phalange de l'abbé s'avançait
triomphante et serrée, sous la forme terrible d'un
triangle. — Le triangle est le bataillon carré du jeu
de dames.

— C'est encore une surprise, dit Gorju.

— Une surprise ! répondit l'abbé, peut-on dire
cela ? J'ai joué le plus loyalement du monde.

— Loyalement, loyalement, vous voulez dire en
enfant de Loyola.

— Je ne sais pas ce que vous entendez par là,
monsieur Gorju.

— Est-ce que les jésuites jouent loyalement ?
Vous êtes un vieux jésuite, l'abbé.

8

L'abbé Duflot haussa les épaules.

— Si je vous avais connu au bon temps, l'abbé, comme je vous aurais fait accrocher en haut de la lanterne, pour voir si elle brûlait !

— Baste ! continuons notre partie, vous n'avez pas encore perdu.

— Non, non, je ne joue pas avec les hommes qui jouent frauduleusement.

— Monsieur Gorju, vous allez trop loin ; il me semble que je me suis toujours conduit en honnête homme.

— Je vous dis, l'abbé, que je ne peux pas sentir les jésuites et les cafards ; avec toutes vos momeries, vous ne cherchez qu'à tromper les *citoyens*.

L'abbé, prévoyant un orage et un discours révolutionnaire, prit son chapeau et se leva en disant : — Monsieur Gorju, j'ai l'honneur de vous souhaiter le bonsoir. Le maire ne répondit pas. Il appela sa bonne : — Toutes les fois que l'abbé viendra, dit-il, réponds que je n'y suis pas. Mais l'abbé ne revint plus, et Gorju dit à Joséphine d'aller le chercher ; ce à quoi l'abbé répondit que, le nombre des mal-

heureux augmentant tous les jours, il croirait
manquer à son ministère en jouant au lieu d'aller
les consoler. Gorju, furieux, le fit condamner à un
franc d'amende pour avoir contrevenu aux arrêtés
concernant la salubrité publique; Thérèse fut acquit-
tée, à propos de prétendues injures adressées au
garde-champêtre *dans l'exercice de ses fonctions.*

La haine s'amassa dans le cœur du maire. Il
assista un jour au sermon, et il écrivit au préfet que
le curé prononçait des sermons henriquinquistes, et
qu'il supprimait le nom de *Philippum* dans le *Do-
mine.* Ces mensonges valurent au pauvre abbé
Duflot les sévères réprimandes de l'évêque de
Soissons. Mais Gorju n'était pas content, ces petits
moyens ne satisfaisaient pas sa vengeance. Un jour,
il se leva avec un grand air de joie. Ses petits yeux
verts clignaient de méchanceté. On eût dit les yeux
d'un chat guettant une souris. Il appela son garde-
champêtre Valot, et lui donna quelques ordres à
voix basse. Valot fit une grimace de plaisir, et
partit.

Vers le soir, on vint prévenir Gorju que M. le

curé Duflot avait eu une attaque d'apoplexie en traversant la place. Le maire se dit : *Enfin!* et répondit :

— Ah ! le pauvre homme !

M. le curé, en traversant la place, avait aperçu la
grande croix de pierre, qui est au milieu, *peinte
en tricolore.* — La vengeance du maire avait porté
ses fruits. L'abbé Duflot mourut des suites de son
apoplexie.

En 1840, j'ai vu cette croix de pierre, toujours
tricolore; un fermier de Classy-les-Bois m'a conté
ces détails, que j'ai essayé de reproduire dans toute
leur naïveté.

9 décembre 1845.

FANTAISIES

ET

BALLADES

L'HIVER.

A M. Gérard de Nerval.

Paris a froid, Paris a faim. La neige est venue. Paris a son grand manteau blanc qui dit au riche de prendre le sien. Le peuple ne met pas son manteau, lui ; il n'a que sa pauvre vieille blouse. Encore ses bras nus passent-ils souvent par les coudes troués.

«On a pêché, dans le bassin des Tuileries, les petits poissons rouges, afin de les préserver du froid.»

A la nuitée, les trottoirs reçoivent leurs déguenillés clients de chaque jour. Plus l'endroit est sombre, mieux garnie sera la place. Le pauvre craint l'œil des sergents et les sergents ne fouillent pas tous les endroits obscurs. Une mère porte ses trois enfants : — La charité, monsieur, s'il vous plaît? — Le passant passe.

« On a pêché, dans le bassin des Tuileries, les petits poissons rouges, afin de les préserver du froid.»

La caisse du Mont-de-Piété est vide. Les matelas, les *couvertes* ont tout emporté... c'est l'hiver. Le Mont-de-Piété du faubourg Saint-Marceau — *le faubourg souffrant,* comme dit le peuple dans son langage coloré — est encombré. C'est une queue de pauvres comme à l'Opéra on n'a jamais vu queue de riches. Beaucoup sortent la tête basse, l'air morne.

La femme et les enfants attendent le *prêt* pour sou-
per, et l'employé a signifié cette terrible formule :
« Nous ne pouvons pas prêter là-dessus. »

« On a pêché, dans le bassin des Tuileries, les petits
poissons rouges, afin de les préserver du froid. »

L'homme entre; sa femme ne lui dit rien, elle a
deviné. —Allons, ma femme, console-toi. Nous ne
souperons pas aujourd'hui... Je rapporte le drap,
nous n'en aurons que plus chaud. — Mais demain !

« On a pêché, dans le bassin des Tuileries, les petits
poissons rouges, afin de les préserver du froid. »

La malheureuse va, timide, chez le boulanger,
mais crédit est mort pour les pauvres gens. — Vous
me devez déjà trois francs. — Mon mari vous paiera
quand il aura reçu sa semaine, monsieur. — Non, je
ne fais plus crédit; on est trop exposé dans ce quartier. —Je vous en prie, mon bon monsieur. — Bah !
il y a des bureaux de charité. — Mes enfants meu-

rent de faim! — On ne meurt jamais de faim. Du reste, le gouvernement ne s'occupe-t-il pas assez des malheureux? dit le boulanger, qui a lu, le matin, dans son journal :

« On a pêché, dans le bassin des Tuileries, les petits poissons rouges, afin de les préserver du froid. »

19 décembre 1844.

LE PRINTEMPS.

A M. Auguste Vacquerie.

I.

Quelquefois, sur le matin, je suis réveillé par un orgue atteint d'aliénation mentale, dont la manivelle détraquée se livre à de fols égarements; cet orgue joue un certain air fort trivial qui a passé par tous les gosiers avinés des buveurs de la barrière, qui a roulé par tous les ruisseaux de Paris. — J'aime cet air-là; une amie à moi dedans le temps le chantait tout le jour : j'ai perdu l'amie, j'ai gardé l'air. Quand je l'entends, c'est comme si j'avais une bague des cheveux de la morte. Pour accompagnement à l'air, il entre par le coin du rideau volage un brin de soleil qui court sur le lit.

II.

Le soleil me dit avec ses rayons jaunes et gais : Voilà le printemps qui m'envoie te saluer. Ce sera bientôt le moment d'aller batifoler à la Sablière de Ville-d'Avray.

III.

J'ouvre vitement la fenêtre pour donner un sou à cet orgue faux qui est si harmonieux. — Où est l'orgue? où est le soleil? Ils sont partis tous les deux bras dessus bras dessous... A leur place roulent mornes et désolés deux corbillards nègres.

IV.

C'est donc là le signal du printemps, des corbillards faisant queue! C'est donc ainsi qu'il fait son entrée dans la capitale, le jeune printemps! — Triomphateur lugubre, que les poëtes mercenaires chantent annuellement!

V.

D'après l'avis d'un philosophe, j'avais pris logis près des champs. Mais les cimetières sont aux champs aussi comme les marguerites et les lilas. Et les convois longent ma rue, des convois de toutes les classes, pauvres et riches, des barons et des laquais, des pairs et des maçons, des gardes nationaux et des bossus.

9

VI.

On trâduit devant la cour d'assises pour moins
de crimes d'honnêtes gens qui ont à peine donné
un petit coup de couteau à leurs maîtresses, des
femmes vertueuses qui font manger à de prosaïques
rentiers d'appétissants gâteaux à l'arsenic. Pourquoi
un *ministère public* de sens n'aurait-il pas le cou-
rage de mettre en accusation le printemps?

VII.

Je me sauve de ma fenêtre — grillée par tous ces
corbillards. — La rue du Bac a ce charme particulier
que, si elle est longue à mourir, on n'y rencontre
pas de demi-sots. — Par hasard, il y a un gros de
foule qui se tourne du côté de Saint-Thomas-d'A-
quin.

VIII.

Ce ne seraient pas les témoins à charge qui man-

queraient dans l'affaire du printemps. **Tous ceux**
qu'il a griffés de sa griffe cruelle n'auraient qu'à
sortir de leurs tombeaux. Avec de telles preuves, le
printemps serait condamné, malgré les avocasseries,
— sans circonstances atténuantes.

I X.

Encore une mort qui est écrite en chapes noires,
avec ornements d'argent au front de Saint-Thomas-
d'Aquin. Cinquante voitures attendent à la porte;
pour les conduire, cinquante messieurs, gros et gras,
la mine fleurie, l'oreille rouge, chapeau à cornes
avec *pleureuse* en pendeloques et bottes à l'écuyère,
luisant comme des soleils. — Au dedans de l'église,
se fait entendre une musique lamentable. Quelques
invités pleurent, quelques parents rient. Les invités
pleurent à cause des bémols, — expression de la douleur, — à cause surtout d'un groupe de violoncelles
mélancoliques qui mettent l'âme en deuil. Pendant
que trois trombones vigoureux lancent aux voûtes

leur note déchirante, les parents rient à cause qu'ils pensent que *leur* mort doit être très-satisfait de ce qu'on lui a offert une musique de violoncelles et de trombones.

X.

— Voilà une belle journée de printemps, dit à la porte l'ordonnateur des Pompes, en offrant une prise à un subordonné.

— Merci bien, il est à la fève....

— Oui, je le prends à la Civette.

— Je m'en doutais... Nous aurons un temps superbe, du soleil, pour la cérémonie. (*Déposition consignée au procès.*)

XI.

On n'enterre pas qu'au faubourg Saint-Germain. Là-bas, à l'hôpital, dans une chapelle dénudée, sont des jeunes hommes en vêtements pâles. Leurs habits

rient, leurs souliers pleurent. C'est des gens intel-
ligents, qui prient agenouillés, parce que l'un d'eux
est mort sans nom... L'hôpital l'a appelé tyranni-
quement numéro 98, et le printemps n'a eu aucune
pitié pour cet humble numéro. A côté sont trois
croque-morts, les rebuts des Pompes; l'un d'eux
met la main à sa poche, en tire quelque chose, roule
le quelque chose et le porte à la bouche. Cela fait
une petite montagne rondelette à la joue gauche.
La joue droite, par balance, se creuse et fait la fossette, — *le crachoir des amours*, a dit Henri Heine.
Cependant le prêtre s'avance, bénit le pauvre cercueil; les amis deviennent si blêmes en secouant le
goupillon sur le mort, que la montagne du croque-
mort affligé change de place et force la fossette à
prendre un chemin opposé....

XII.

O poëtes, vous rendrez compte un jour de vos
adulations! Ce printemps que vous disiez si jeune,

il est vieux et met du fard pour cacher sa tête de
mort d'hiver. Ce printemps qui emporte dans les
fourgons des Pompes des gerbes de beaux jeunes
gens, des gerbes de belles jeunes filles, des gerbes
de vieux vieillards, c'est pis que peste, c'est pis que
choléra : — c'est une goule affamée !

XIII.

Le croque-mort à la montagne et à la fossette
vaut mieux que le printemps. O poëtes, les temps
sont venus de chanter le croque-mort.

5 avril 1846.

L'ÉTÉ.

A M. Auguste Lireux.

Alors le soleil est le roi du monde. Il assemble ses rayons : — «Brillants serviteurs, allez-vous-en par toute la terre.

« Toi, tu attendriras l'asphalte.

« Toi, tu te percheras sur le dos du nègre, attendu que le colon a soif et qu'il *aime boire la sueur des noirs.*

« Toi, je te recommande de dorer le blé.

« Toi, tu iras demeurer dans cette mansarde qui a eu froid l'hiver.

« Toi, tu vas faire que le raisin de cette année soit bel et bon.

« Toi, tu chaufferas l'eau des rivières.

« Toi, tu te tiendras sur les toits pendant que le maçon chante un duo avec le pinson.

« Toi, tu t'introduiras dans les forêts et tu jetteras un peu d'or parmi tout ce vert. »

Quand le soleil a parlé de la sorte et ainsi fait bien d'autres commandements, les rayons lui tirent leurs chapeaux et s'en vont en congé trimestriel. Le soleil, qui est un brave homme, ne veut que le bien; mais il a des serviteurs qui outrepassent ses intentions et qui font le mal, parce qu'on leur a laissé le licou trop lâche.

Je veux raconter un méfait qu'un de ces rayons a commis l'an passé à mon préjudice, et qu'il suffira sans doute de consigner pour que cet abus disparaisse à l'avenir. — J'avais un pastel de Boucher, un pastel charmant qui a été gravé en couleur par le sieur Demarteau : c'était une tête de jeune fille qui tenait les yeux baissés et qui affectait les mines les plus pudiques du monde.

Jusqu'alors cette jeune fille s'était tenue tranquille et ne m'avait fait aucune infidélité. Elle demeurait dans ma chambre, calme, accrochée par un clou au mur. La fenêtre était ouverte constamment; la jolie fille eût pu regarder les cavaliers dans la rue, mais elle ne daignait pas lever ses beaux yeux gris.

Je n'ai rien de la duègne dans mes idées, encore moins de Bartholo, cependant cette innocence me causait de vifs plaisirs. — Un jour pourtant, je m'aperçus que mon amie était plus pâle que de coutume; j'attribuai cette pâleur à un malaise passager. Le lendemain et le surlendemain virent la jeune fille perdre de plus en plus ses couleurs rosées; elle paraissait triste. Ses lèvres de cerise devinrent transparentes comme un grain de raisin blanc. Inquiété, je me cachai derrière un rideau, afin de voir ce qui lui causait un chagrin si violent.

Vers le midi, un rayon de soleil grimpa par la fenêtre et entra dans la chambre; la figure de la jeune fille s'illumina de bonheur : c'était son amant. Le rayon commença par lui baiser la joue, les lèvres; *elle* paraissait heureuse et ruisselante de bonheur. Ces baisers durèrent trois heures; j'aurais tué l'infâme rayon qui me ravissait mon bonheur.

Quand le rayon partit en descendant par la fenêtre comme il était venu, le visage de la jeune fille s'assombrit et sembla voilé par sa pâleur. Sans gourmander mon amie, sans lui faire le moindre reproche, je l'emportai et l'enfermai dans un cabinet inaccessible à ce rayon séducteur; mais mon amie de ce jour resta morne et désolée. Et plus ses rosées couleurs ne sont revenues.

30 novembre 1846.

L'AUTOMNE.

A M. Pierre de Fayis.

Quand la feuille jaunit,

La diligence amène de jeunes messieurs pâles,
poëtes de leur état et, qui pis est, poëtes élégiaques.
Ils s'en vont au bois,

Quand la feuille jaunit,

Au bois où se récolte le poitrinaire. Tirily ! voilà que les feuilles muent et prennent un ton fauve. Elles ne tombent pas encore aujourd'hui; elles s'accrochent par un dernier effort aux branches jusqu'à demain.

Quand la feuille jaunit,

Les allées du bois s'emplissent. Les pauvres gens vont aux feuilles avec des sacs. C'est quasi du bois pour les dures soirées d'hiver.

Quand la feuille jaunit,

Le poëte ne se sent pas de joie, à cause que, saint Vincent de Paule de l'automne, il est en quête de poitrinaires-trouvés et que le poitrinaire-trouvé représente généralement 300 vers (75 fr., à 25 cent. le vers).

Quand la feuille jaunit,

Le poëte cherche, cherche et recherche. — Pas
de poitrinaires, pas de pain, dit-il. — Cependant,
tout là-bas, au bout de l'allée, un homme pâle
marche lentement. « Oh! s'écrie le poëte, voici
venir un fort beau poitrinaire, grand, long, la mine
désolée. Joli poitrinaire, ma foi! »

L'étranger, qui est au bout de l'allée, tire son cale-
pin, écrit en murmurant : « L'année est mauvaise.
Celui-là qui vient vers moi ne vaut pas cent vers. A
trois sous le vers, je ne gagnerai guère que quinze
francs... mauvais métier! Enfin je prendrai ce
méchant poitrinaire tel qu'il est. »

Quand la feuille jaunit,

Ils arrivent tous deux en présence. — Monsieur,
dit l'un. — Monsieur, dit l'autre. — Je désirerais
vous emporter chez moi. — Je vous demanderai la
permission de venir faire un petit tour à mon logis.
— N'êtes-vous pas poitrinaire? — Et vous-même,
mon bon monsieur. — Moi! j'en vends. — Moi!

10

j'en mange. — Vous seriez donc poëte? — Vous
l'avez dit. Et vous? — Hélas! j'ai ce malheur. —
Ah! s'écrient-ils d'une voix désolée,

Quand la feuille jaunit!

18 octobre 1846.

LA MORGUE.

A M. Wallon.

Un bâtiment bourgeois et carré qui baigne ses pieds dans la Seine, — voilà la Morgue au dehors.

Huit lits de pierre, huit cavaliers dessus, voilà la Morgue au dedans.

La Morgue aime la Seine, car la Seine lui fournit des épaves humaines.

Ce qu'elles consomment à elles deux, ces terribles recéleuses, on l'ignore; mais le nombre en est grand.

Elles ne tiennent pas à avoir des amants beaux et coquets, roses et blonds. Ouich! elles veulent la quantité.

Aussi la Morgue s'entend-elle avec la Seine pour défigurer les hommes, afin de les garder le plus longtemps possible.

Ce n'est pas dans Paris que la Seine est une gaie rivière, et il faut marcher loin pour retrouver les *bords fleuris* de madame Deshoulières.

La Seine de Paris est une rivière fétide, verte l'été, jaune l'hiver, obscure comme une chambre noire.

Quand la Seine empoigne un homme, elle vous le prend au collet comme un sergent de ville et l'emmène dans son lit. Les matelas de ce lit sont rembourrés de tessons de bouteilles, de bottes moisies, de clous rouillés, de chiens et de chats sans poils, enfin la quintessence des immondices de Paris, la ville aux immondices.

La Seine est capricieuse comme une femme; elle a des fantaisies. Elle garde son nouvel amant quelquefois un jour, quelquefois une semaine, quelquefois un mois, selon que le cavalier lui plaît. Puis, fatiguée, elle le lâche en le parant de ses couleurs. Il revient vert ou jaune.

Alors la Morgue ouvre ses grands bras et s'empare des restes de la Seine. Elle commence par ôter au cavalier ses habits qui pleurent.

Elle l'étend sur un lit de pierre après l'avoir bien nettoyé, bien lavé, bien *ficelé*, disent quelques-uns.

Et tous les jours la Morgue ouvre ses portes au public. Elle ne craint pas, l'impudique, d'accuser le nombre de ses amants.

La foule, gourmande d'émotions, y court; surtout les femmes. Par hasard j'entrai un jour.

Sur un lit était étendu un vieillard que la Seine avait teinté de rose. Les cheveux étaient blancs, rares et hérissés. Sur la poitrine se dressaient quelques poils, blancs et rares aussi. Le ventre était gonflé sous le masque de cuir, — qui est la feuille de vigne de la Morgue.

Parmi les curieux se trouvait une femme portant dans ses bras un enfant. La femme aurait voulu avoir dix yeux pour voir. L'enfant sommeillait. — Eh! petit, dit la mère en montrant du doigt le vieillard plus terrible que la plus terrible toile espagnole, regarde donc, vois-tu le *beau monsieur?*

16 août 1846.

TRADUCTION DE HENRI HEINE.

A M. Pierre Dupont.

Appuie sur mon cœur ta main blanche! Dis-moi,
entends-tu le bruit qui s'y fait?

C'est un charpentier qui me met le cœur en émoi
en clouant un cercueil pour quand ma mort sera
inscrite au sablier funèbre.

Nuit et jour le gredin rabote ses planches, et sa scie m'empêche de fermer l'œil.

— Ah ! monsieur le charpentier, de grâce, finissez vitement votre cercueil, que je puisse m'y coucher tout entier.

30 novembre 1846.

BIOGRAPHIE

DE

CARNAVAL

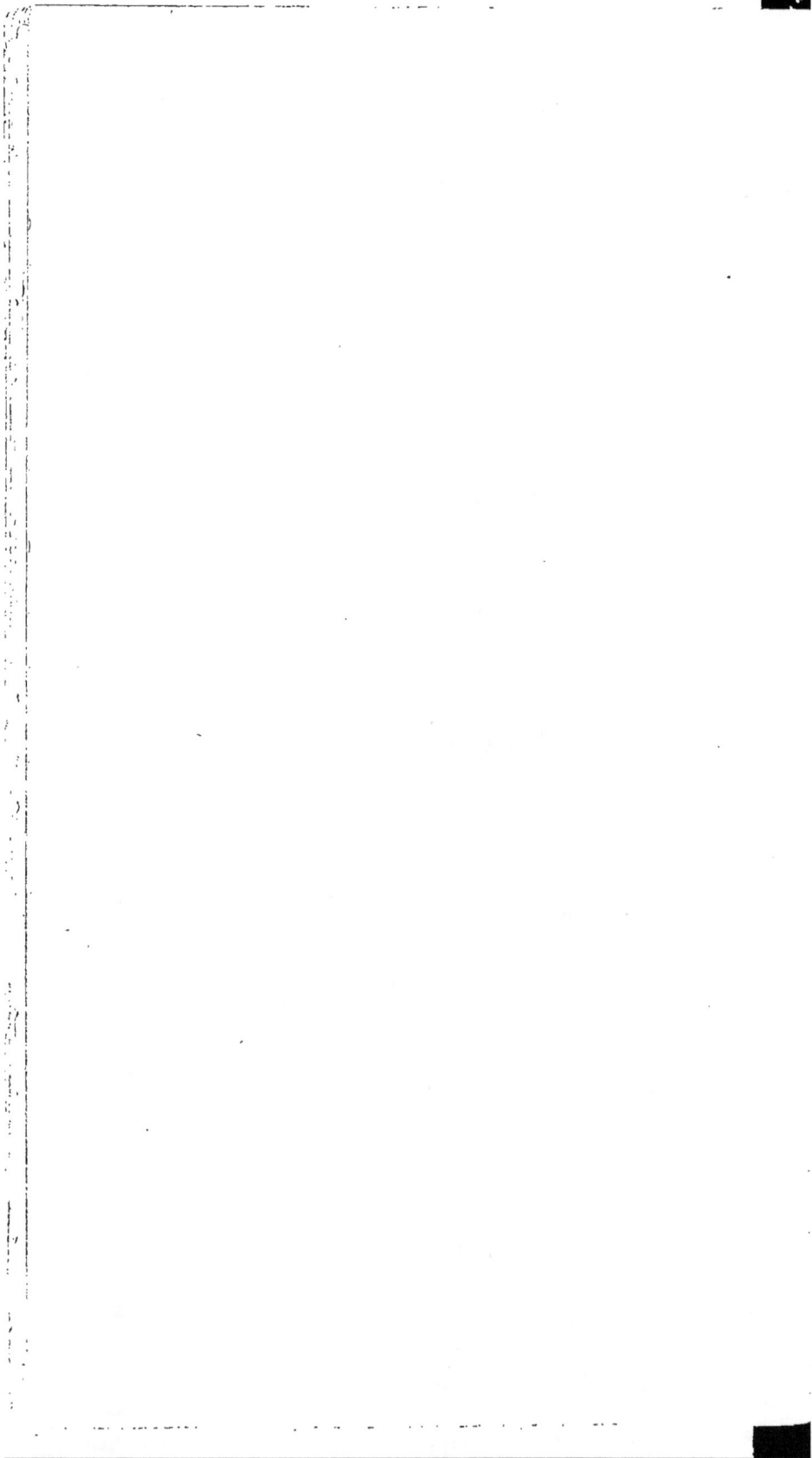

BIOGRAPHIE DE CARNAVAL.

A M. Pier-Angelo Fiorentino.

Vous connaissez tous le *chien Berganza*, d'Hoffmann, ce chien si philosophe, ce chien si fin, ce chien
si observateur, qu'il devient un chien de génie. Il
jappe ces quelques phrases :

« Sous un certain rapport, chaque esprit quelque

peu original est prévenu de *folie*, et plus il mani-
feste de penchants *excentriques* en cherchant à
colorer sa pâle existence matérielle du reflet de ses
visions intérieures, plus il s'attire des soupçons
défavorables. Tout homme qui sacrifie à une idée
élevée et exceptionnelle, qu'a pu seule engendrer
une inspiration sublime et surhumaine, — son re-
pos, son bien-être et même sa vie, — sera inévitablement taxé de *démence* par ceux dont toutes les
prétentions, toute l'intelligence et la moralité se
bornent à perfectionner l'art de manger, de boire,
et à n'avoir point de dettes. »

Ces quelques lignes d'Hoffmann sur l'*excentricité*
furent pour moi une illumination. Depuis lors je me
suis défié des accusations de *folie* qu'on jette si
gratuitement à la tête du premier venu.

Où est la route qui sépare la raison de l'excentricité, l'excentricité de la folie ? Personne n'en sait
mot, pas même les célèbres médecins qui ont écrit
sur les maisons de fous, — les hôpitaux de l'âme,
— a dit M. Alphonse Esquiros.

Il savait bien ce qu'il faisait, le grand Hoffmann,

en se cachant sous la peau du chien Berganza;
il prenait lui-même sa défense avant de mourir.
Walter Scott, cet antiquaire froid et anglais, n'atta-
quait-il pas d'une façon impie les œuvres du poëte,
que son imagination protestante ne pouvait pas
comprendre? Et, de nos jours, Hoffmann n'est-il
pas traité par ses admirateurs de romancier *fantastique*, tandis que ce fantastique n'est autre que de
la réalité la plus réelle?

. . . .

Entre tous les habitués que recèle la Bibliothèque
royale, et qu'on voit tous les jours d'étude régulie-
rement de dix à trois heures, les étrangers s'arrêtent
avec surprise devant un homme penché sur son
travail sans lever la tête. Cet homme est habillé
d'une petite veste rouge éclatante, d'un pantalon
étroit, court, à pont, rouge, d'un gilet rouge et de
pantoufles rouges aussi. Autour de son cou flotte
une décoration inconnue, — un grand cordon bleu
moiré. Près de ses papiers, de ses livres et de ses
journaux sur la table, gît un chapeau de paille dont
le ruban est remplacé par une chaînette d'acier; à

11

cette chaîne pendent quelques fleurs artificielles aussi fanées que des fleurs naturelles, des grains d'Amérique, des verroteries, du clinquant, enfin les ornements chéris des sauvages ou des bourgeois du temps des breloques de montre, ou des paysans qui réviennent en pèlerinage de Notre-Dame-de-Liesse.

L'inconnu est âgé; ses cheveux rares sont blancs, sa barbe grise. Sur sa belle figure amaigrie courent des sillons nombreux qu'ont dû creuser les larmes. — La pluie creuse les grès !

Trois heures vont sonner au cadran de la Bibliothèque. Les employés remettent en place les livres. Chacun se lève. L'inconnu prend son chapeau de paille et sort. Il monte la rue Richelieu et suit la ligne des boulevards jusqu'à la Madeleine, sans être même suivi par les curieux. Et cependant son costume est étrange.

Par hasard un provincial le regardera avec des yeux inquiets; peut-être le suivra-t-il quelques minutes; mais, fatigué de marcher seul à la suite d'un homme vêtu de rouge, il s'arrêtera et demandera, l'imagination tourmentée par ce grand cordon qui ne peut appartenir qu'à un prince ou un ambassadeur étranger :

— Quel est cet homme? — C'est Carnaval. — Ah! dit le provincial la bouche ouverte par l'étonnement que lui cause le nom. Et il s'éloigne en se disant :
— C'est un fou.

On pourrait croire en effet que Carnaval est un surnom. Le costume est dans la gamme du nom. Et le peuple parisien a bien assez d'esprit pour se faire le parrain d'un original. N'est-ce pas les dames de la halle qui avaient surnommé les marchands de vinaigre les *limonadiers de la passion ?*

Mais on se tromperait ici. Carnaval est un nom sérieux, un nom réel; Carnaval est bien le fils de Carnaval père. Son frère est un des prêtres les plus remarquables de l'Italie; il réside à Naples et s'appelle aussi Carnaval.

Ainsi tombent les arguments de ceux qui, ne pouvant pas contester la réalité du nom, prétendront peut-être que ce nom a dû influencer sur le moral des Carnaval.

Il vint à Paris vers l'année 1826. Il arrivait d'Italie

avec quelque peu de fortune. Ses compatriotes le reçurent à merveille; puis il disparut. On n'en sut que plus tard la cause. Carnaval était devenu amoureux; il perdit la femme qu'il aimait : ce lui fut un coup de foudre.

Tous les jours il allait au cimetière prier sur la tombe de la défunte. Le gardien remarqua qu'il tirait de sa poche un papier en forme de lettre et qu'il le cachait près de la pierre. Aussitôt après le départ de Carnaval, on alla à la cachette et on trouva cinq lettres dont trois étaient devenues indéchiffrables à cause de l'humidité ou de la pluie. L'avant-dernière n'était qu'un billet. Quant à celle qu'il venait de déposer, elle fut donnée, ainsi que les autres, à M. B....i, un riche Italien qui s'intéresse à tous ses compatriotes, qui fut le premier à retrouver les traces de Carnaval, et qui nous a permis d'en copier quelques fragments. La voici telle que la traduction, — car elle était écrite en italien, — peut la reproduire fidèlement :

« AMIE,

« Vous ne me répondez pas. Vous savez cependant que je vous aime... Est-ce que les distractions de l'*autre* pays vous font m'oublier? Ce serait mal, bien mal. Voilà déjà cinq jours, cinq longs jours que j'attends de vos nouvelles. Je ne dors plus, ou, si je m'assoupis un peu, c'est pour rêver de vous.

« Pourquoi ne m'avez-vous pas laissé votre adresse? Je vous aurais envoyé vos robes, vos habits... ou bien plutôt, ne me les redemandez pas, laissez-les-moi, de grâce. Je les ai mis sur des chaises, et il me semble que vous êtes là, dans une pièce à côté, et que vous allez entrer pour vous habiller. Et puis ces vêtements qui vous ont touchée embaument ma petite chambre; alors je suis heureux en rentrant.

« Je voudrais avoir votre portrait, mais bien fait, bien ressemblant, qui puisse rivaliser avec l'autre; car j'en ai un autre; il est dans mes yeux, et celui-là ne s'altérera pas. Que je ferme les yeux, que je les ouvre, je vous vois toujours... Ah! mon amie, qu'il est habile le grand artiste qui veut bien me laisser ce portrait!

« Adieu, amie; répondez-moi demain, aujourd'hui si vous le pouvez. Si vous êtes trop occupée, je ne vous demande pas une page ni une ligne, trois mots seulement. Dis-moi seulement que tu m'aimes.

« CARNAVAL. »

M. B.....i crut à une mélancolie douce dont chaque jour devait dévorer une parcelle, et il pria le gardien du cimetière d'enlever quotidiennement les lettres à mesure que Carnaval en apporterait; mais M. B.....i se trompait. Carnaval tomba dans un morne désespoir en voyant que son amie ne lui répondait pas. Il cessa de revenir au cimetière après avoir écrit trente lettres.

C'est alors que, passant sur le boulevard, il s'arrêta devant un marchand de nouveautés qui avait à son étalage des étoffes d'un ton criard. En les voyant, Carnaval sourit, et il entra dans la boutique acheter quelques aunes de chacune de ces étoffes.

Huit jours après, il parut sur le boulevard tout

habillé de rouge. On le suivit et il rentra chez lui avec un cortége d'au moins cinq cents personnes.

Le lendemain, il traversa le même boulevard, vêtu entièrement de jaune. Les flâneurs, les gamins, coururent après lui et continuèrent à lui servir de gardes du corps.

Le surlendemain, il était habillé de bleu-de-ciel. Ce nouveau costume n'inquiéta pas autant la curiosité; cependant il occasionna encore un attroupement, quoique moins nombreux.

Jusqu'à l'année 1830, Carnaval apparut aux habitants du boulevard dans des habits d'une coupe et d'une couleur originale. On s'habituait à lui, et lui s'habituait aux curieux. La révolution de 1830 arriva; le 28 juillet, Carnaval traversait le Pont-Neuf à peu près habillé comme Henri IV. Il ne voyait personne à cette époque, ne lisait pas les journaux, et était loin de se douter que Paris était en pleine révolution. Il fut tout d'un coup arrêté par une bande d'insurgés armés de fusils et de sabres.

— Voilà un carliste, enfin. — C'est un prince, dit-on.

Carnaval les regardait fixement.

— Il faut le mener au poste. — Non, nous n'avons pas le temps, il faut le descendre. — A la Seine le prince ! crièrent plusieurs voix.

Déjà quatre bras vigoureux s'apprêtaient à l'enlever lorsqu'un cocher de fiacre, passant, s'écria :

— Eh ! arrêtez, les autres ! — Qu'est-ce que tu veux, toi ? — Pourquoi voulez-vous faire boire un coup à ce pauvre homme ? — C'est un carliste. — Et non, c'est Carnaval.

Les insurgés se regardèrent et prétendirent que cet homme voulait insulter à la révolution en se présentant dans les rues vêtu en *Bourbon*.

— Vous ne voyez donc pas, dit le brave cocher, que cet homme est fou ? Il se promène comme ça sur les boulevards, dans cet harnachement, depuis un temps infini.

Cette explication satisfit pleinement les insurgés, et Carnaval fut ramené en voiture par le cocher qui craignait qu'un nouvel accident n'eût pas des suites aussi heureuses. Tout le long du chemin, il répéta tellement à Carnaval : *Vous l'échappez belle !* que celui-ci finit par comprendre que Paris n'était pas aussi calme que de coutume. Aussi, le lendemain, reprit-il ses anciens habits noirs.

Mais la tristesse avec. Il sentit son cerveau se troubler. Il se rappela la mort de son amie. De jour en jour il comprenait que la raison l'abandonnait. Ayant bien réfléchi à ce changement d'humeur, Carnaval alla tout droit sonner à la porte de Bicêtre. Il y resta peu de temps à subir un traitement modéré. Le médecin était tout étonné d'entendre un fou raisonner avec autant de froid sur sa position.

— Faites venir mes habits de couleur, dit Carnaval.

On s'empressa de satisfaire à ses demandes. Quand il eut passé une manche de son habit rouge, il était gai comme devant.

— C'est les habits noirs, dit-il, qui m'avaient rendu malade. Je ne peux pas voir le noir. Vous êtes bien *fous*, dit Carnaval, de sacrifier à une mode aussi laide. Vous avez toujours l'air d'aller à l'enterrement. Moi, quand je suis très-joyeux, je mets mon habit rouge. Il me va si bien... d'autant plus que mes

amis sont avertis. On se dit : Tiens, Carnaval est de
très-bonne humeur aujourd'hui... Si je suis moins
folâtre, vite l'habit jaune... Il ne va pas mal non plus.
On sait ce que ça veut dire. Quant à l'habit bleu, je
le porte les jours où le soleil est moins brillant, où
je suis un peu mélancolique. — Ah! dit le médecin,
vous êtes guéri. Habillez-vous ainsi qu'il vous plaira.

Carnaval, dont les petites rentes diminuaient
plutôt qu'elles n'augmentaient, songea à se créer un
état. Très-connu de ses compatriotes, il se mit à
donner des leçons d'italien. Les familles italiennes
le préféraient aux jeunes professeurs, à cause des
demoiselles.

De plus, Carnaval avait trouvé une nouvelle mé-
thode d'enseignement. Il ne se servait ni de correc-
tions, ni de *pensums;* il ne grondait jamais.

— Vous savez bien votre leçon, disait-il aux
demoiselles ses élèves, à la bonne heure; demain je
mettrai mon costume vert-pomme.

Ou bien, comme punition :

— Ah! disait-il, vous n'avez pas fait votre thème,
je ne mettrai pas mon habit café au lait.

Il récompensait avec ses habits, et cela lui était facile, car il possède près de soixante costumes, chacun d'une couleur appropriée, tous étiquetés et appendus, avec le plus grand soin, dans une chambre où nul autre que lui n'entre.

Ainsi vit-il, ce brave homme qu'on traite souvent de fou et qui en remontrerait aux sages. Il n'est pas riche; mais le peu qu'il gagne lui suffit et au delà. Plus d'une fois, il a secouru de pauvres Italiens qui allaient le prier de les introduire auprès des grands personnages de leur pays.

Carnaval connaît tout le monde. Il dîne souvent à l'ambassade italienne, où il tient le haut bout. Les dames lui font cadeau de bijoux sans valeur, de perles, de fanfreluches qui enrichissent sa collection et qui servent à décorer son chapeau.

Tous les matins il se lève à cinq heures de son fauteuil de cuir, car il ne veut pas coucher dans un lit. Il va au marché, sinon pour lui, du moins pour ses amis. Les marchandes de poisson le connaissent aussi bien qu'il se connaît en poisson. Il n'y a pas à

Paris deux cuisiniers plus habiles que lui pour choisir le poisson.

Les achats sont destinés à la table des artistes des Italiens, qui l'aiment infiniment. Pour lui, sa cuisine est bientôt faite; un plat de pommes de terre qu'il accommode lui-même, et il se met aussitôt après en course.

Il est bien rare qu'en sortant de la Bibliothèque royale Carnaval ne rencontre pas quelqu'un et ne lui prenne le bras; alors ce sont des conversations, des dissertations, des discussions sans fin sur l'Italie, sur la musique. Ce *quelqu'un* à qui *il donne le bras*, c'est BELLINI, c'est la MALIBRAN, c'est NAPOLÉON (1).

Après avoir *causé* avec ces illustres personnages, si Carnaval voit sur son chemin le ventre de Lablache qui encombre le trottoir, il l'arrête.

— Bonjour, Lablache. — Ah! vous voilà, mon cher Carnaval! — Je viens de rencontrer Bellini. —

(1) Carnaval, que je ne connaissais que de vue, est venu me rendre, après la publication de cet article, une visite à l'*Artiste*. Il paraît que j'avais oublié M. *Laffitte* en parlant des célèbres morts-vivants.

Comment! dit Lablache, la première fois qu'il en-
tendit parler de cette rencontre posthume. — Je vous
dis que j'ai causé avec Bellini. — Lequel? dit le
chanteur-éléphant. — Lequel, lequel? répond Carnaval, il n'y en a pas deux... Je vous parle de l'auteur de la *Norma*.

Le ventre de Lablache diminuait d'étonnement.

— Mais, Carnaval, vous savez aussi bien que moi
que ce pauvre Bellini est mort... — Ah! Lablache,
vous êtes fou, dit en s'éloignant Carnaval.

Lablache mit la main sur son ventre pour s'as-
surer qu'il n'était pas le jouet d'un rêve. Il était
habitué aux excentricités de son compatriote, mais
l'accusation de folie que celui-ci venait de lui jeter à
la tête le surprenait violemment.

Plus tard il en parla dans une soirée d'artistes.

— Cela n'a rien d'étonnant, dit M. B.....i, Carnaval est venu tout dernièrement chez moi; il
quittait Malibran, m'a-t-il dit. Je discutai longtemps
avec lui là-dessus, et comme vous, Lablache, il m'a
traité de fou. — Mais c'est vous, lui dis-je, qui êtes
fou. Carnaval prit son air sérieux et me dit : — Je

12

sais bien que je vous parais fou, mais vous vous trompez. Seulement je suis doué de sens que vous n'avez pas. Vous croyez, pauvres gens, fit-il en haussant les épaules, que Napoléon est mort, et Marie Malibran, et Bellini. Ils sont morts pour vous, je le veux bien; mais pour moi jamais. Je vous assure, disait-il avec la plus grande conviction, qu'ils ne sont pas morts, qu'ils m'aiment et qu'ils me fréquentent. Carnaval m'a fait douter de moi-même, continua M. B.....i; peut-être est-il doué de la seconde vue des Écossais. — En tout cas, reprit Pier-Angelo Fiorentino, un des plus charmants esprits de ce temps-ci et de plus le *seul* traducteur de Dante, Carnaval est loin d'être dépourvu du vulgaire bon sens que nous autres, qui n'avons pas la seconde vue, possédons. Il y a dix ans, j'arrivai à Paris et je me promenai dans les Tuileries. Un homme habillé de rouge me sauta au cou. C'était Carnaval. Je le connaissais très-peu, alors que j'écrivais en Italie. — Ah! vous voilà, Fiorentino, me dit-il. Un peu effrayé de causer avec cet homme rouge, je l'entraînai sous les marronniers. — Ne retournerez-vous pas un jour à Naples? lui dis-je. — A Naples ! répondit Carnaval; mais songez donc qu'il me faudrait être suivi pendant dix ans par les enfants dans mon pays, à cause de mes habits. Non, non, je resterai à Paris; le peuple ne s'inquiète plus de mes vêtements de si jolies couleurs, mais il m'a fallu dix ans pour lui faire son éducation.

18 octobre 1846.

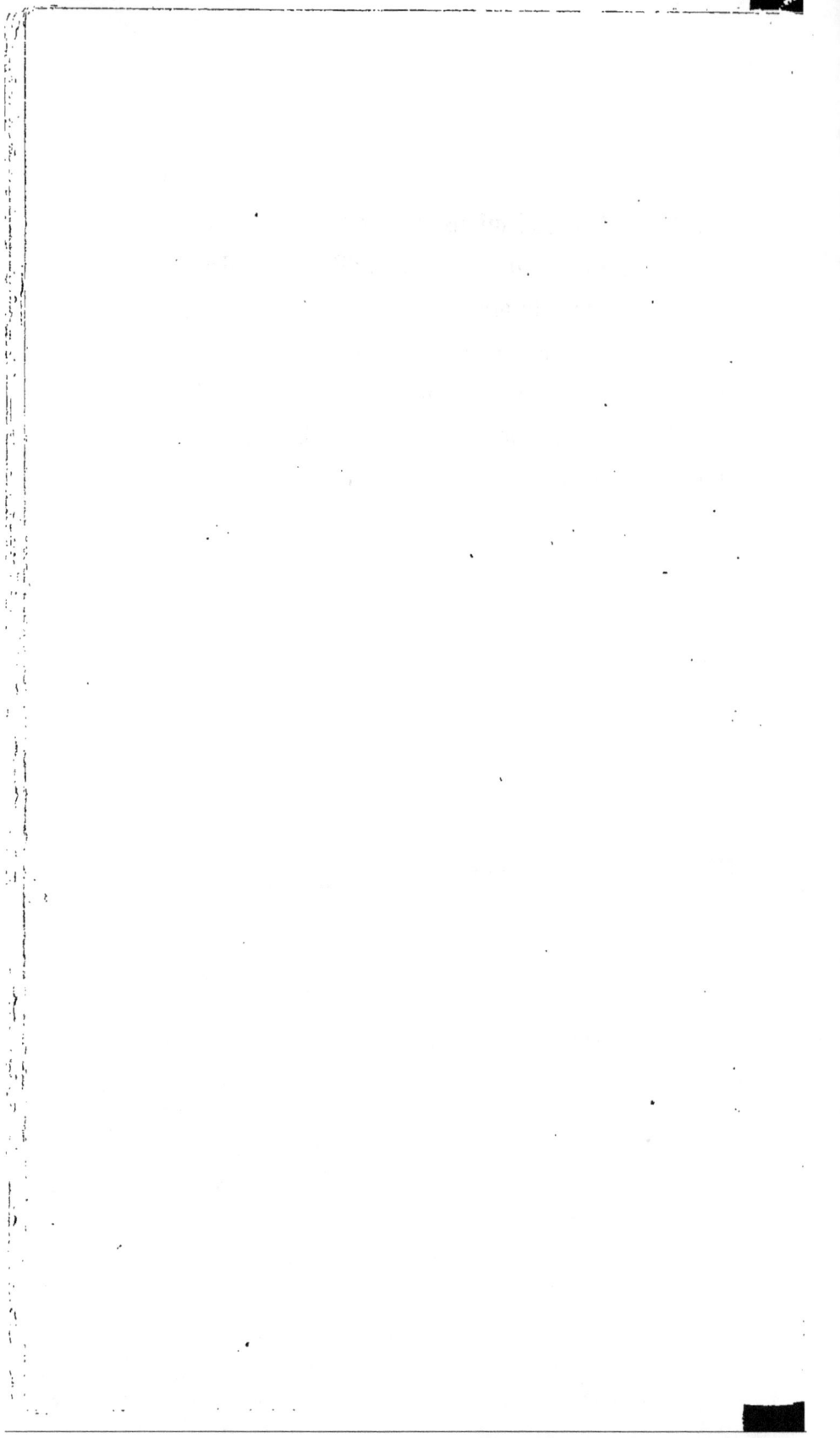

POSTFACE

Ce volume de *Chien-Caillou* ne devait paraître qu'en janvier 1848. Je l'ai publié un an avant l'époque précisée dans mon esprit, à cause de

1° *Pierrot, valet de la Mort*, pantomime en six tableaux, représentée le 25 septembre 1846, aux Funambules;

2° *Philosophie de la Pantomime*, brochure grand in–18 (épuisée);

3° *Pierrot pendu,* pantomime en 12 tableaux, représentée le 11 janvier 1847 aux Funambules;

Trois œuvres dont je m'enorgueillis, mais qui se dresseront dans toute ma vie littéraire comme une épée de Damoclès.

Il est dangereux d'avoir produit certaines œuvres que les gens dits sérieux et les *amis* de mauvaise foi vous jettent constamment à la tête. — Et pourtant la pantomime et mon grand amour des chats m'ont amené, mieux que la science hiéroglyphique, à la connaissance des figures égyptiennes. D'où l'*Histoire des Beaux-Arts égyptiens* qui paraîtra un jour. Eussé-je fait un chef-d'œuvre, la critique, qui me discutera, emploiera infailliblement ce procédé : « Sans doute l'*Histoire des Beaux-Arts égyptiens,* de M. Champfleury, ne manque pas de certaines qualités, mais l'auteur sort de son genre et il aurait dû se borner à écrire des pantomimes, etc. »

Que chacun se souvienne de cette postface!

CHAMPFLEURY.

12 janvier 1847.

TABLE

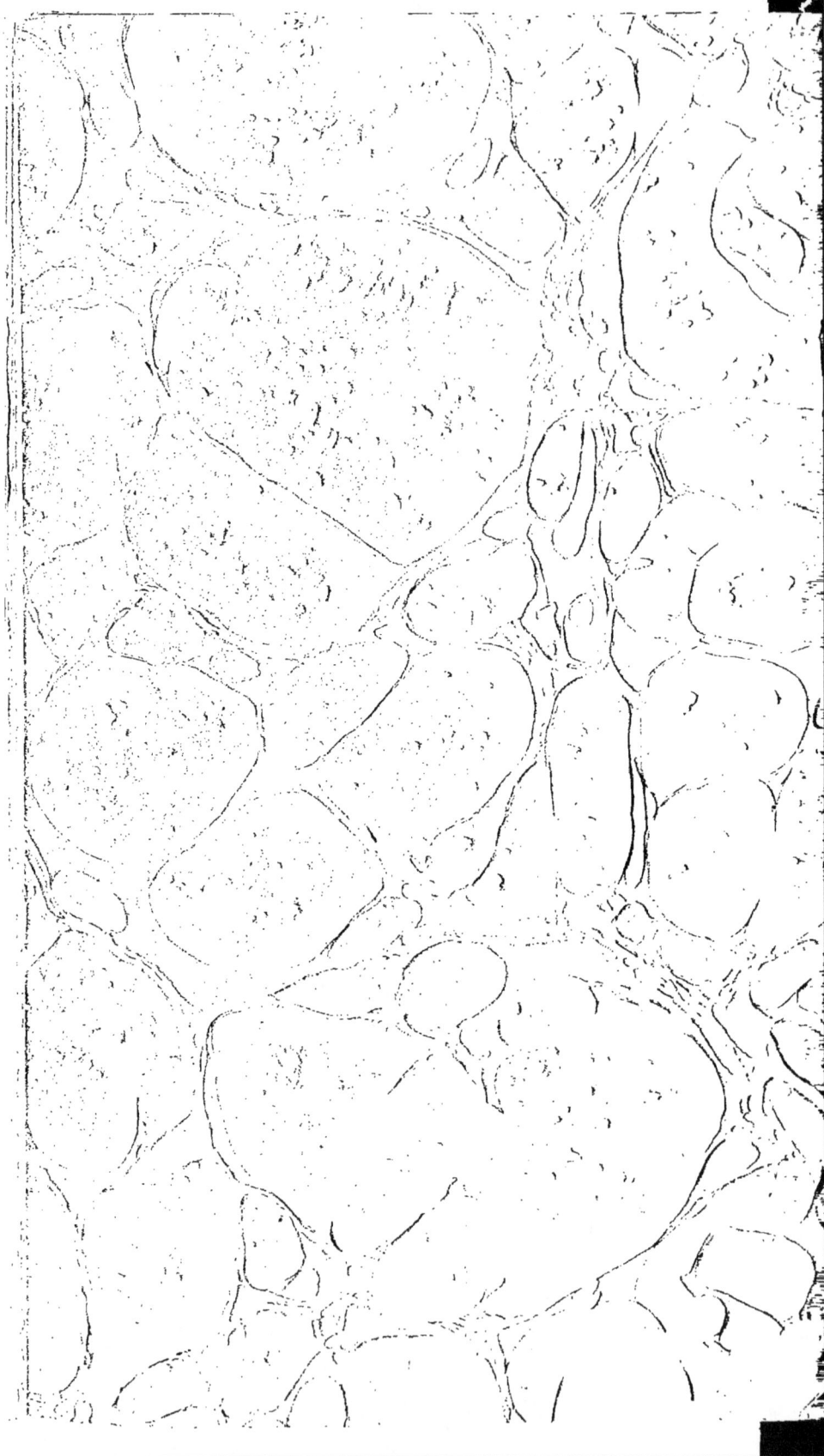

www.ingramcontent.com/pod-product-compliance
Lightning Source LLC
Chambersburg PA
CBHW060801110426
42739CB00032BA/2404